Fucked At B

Recalibrating the American Dream for the

美国底层社会的贫穷与愤怒

生而贫贱

[美] 戴尔·马哈里奇 ◎ 著
Dale Maharidge

雍德生 ◎ 译

中国科学技术出版社
·北 京·

Fucked At Birth : Recalibrating the American Dream for the 2020s
This edition arranged with The Jennifer Lyons Literary Agency, LLC through Andrew Nurnberg Associates International Limited.
Copyright © 2021 by Dale Maharidge.
Simplified Chinese translation copyright © 2023 by China Science and Technology Press Co., Ltd.
All rights reserved.
北京市版权局著作权合同登记　图字：01-2023-1664

图书在版编目（CIP）数据

生而贫贱：美国底层社会的贫穷与愤怒 /（美）戴尔·马哈里奇著；雍德生译. — 北京：中国科学技术出版社，2023.6（2023.11 重印）
书名原文：Fucked at Birth: Recalibrating the American Dream for the 2020s
ISBN 978-7-5046-9981-7

Ⅰ.①生… Ⅱ.①戴… ②雍… Ⅲ.①社会问题—研究—美国 Ⅳ.① D771.28

中国版本图书馆 CIP 数据核字（2023）第 060503 号

策划编辑	刘　畅　刘颖洁		责任编辑	申永刚
封面设计	今亮新声·郭维维　王非凡		版式设计	蚂蚁设计
责任校对	吕传新		责任印制	李晓霖

出　　版	中国科学技术出版社
发　　行	中国科学技术出版社有限公司发行部
地　　址	北京市海淀区中关村南大街 16 号
邮　　编	100081
发行电话	010-62173865
传　　真	010-62173081
网　　址	http://www.cspbooks.com.cn

开　　本	880mm×1230mm　1/32
字　　数	130 千字
印　　张	7.5
版　　次	2023 年 6 月第 1 版
印　　次	2023 年 11 月第 2 次印刷
印　　刷	河北鹏润印刷有限公司
书　　号	ISBN 978-7-5046-9981-7 / D·127
定　　价	59.00 元

（凡购买本社图书，如有缺页、倒页、脱页者，本社发行部负责调换）

谨以此书献给乔安妮（Joanne）

目录 ▶ ▶ ▶ CONTENTS

生而贫贱

FUCKED AT BIRTH

第一部分

生而贫贱

2020 年 3 月到 6 月是我多年来最黯淡的时光，当时我居住在加利福尼亚州南部一个靠近海滩的地方。我认为，那段时间比 1968 年还要灰暗。我们知道，在那一年，马丁·路德·金（Martin Luther King）和罗伯特·F. 肯尼迪（Robert F. Kennedy）先后遇刺身亡，许多人的梦想也随之黯然终结。当时，我还是一个十几岁的少年。最近，我们都有关于新型冠状病毒肺炎疫情的故事，但我的疫情故事相当不同寻常。因为我是少数比较幸运的美国人之一，能够借助 Zoom① 居家办公。我不需要成为零工经济的一员，也就是说，我不必去开优步（Uber）或来福车（Lyft），无须去做 DoorDash② 的外卖

---

① Zoom 是一款多人手机云视频会议软件，为用户提供兼备高清视频会议与移动网络会议功能的免费云视频通话服务。——译者注
② DoorDash 是一家由三位华裔创立的美国外卖公司。——译者注

员，也不用去做联邦快递（FedEx）、亚马逊（Amazon）或UPS 快递公司的司机，更无须祈祷在临时救济金花得一干二净后，能够重新找到工作。我们这些白领人士倾向于认为，大多数美国人和我们的情况完全相同。但这有点想当然了，因为白领人士中的大多数从来不和工人阶级互动。我的一位女性记者朋友认为，要渡过像新型冠状病毒肺炎疫情这样的危机，我们每个人手头上都应该有 5000 美元现金。如果我们的预算能够支付得起，可以加倍。虽然她说这些话时并无恶意，但她对 3 亿多美国人的生活显然缺乏了解。她的这一番话是对一家大型出版社的记者说的。然而，就在她说出这番话的一年前，美联储发布的报告显示，即使在第二次世界大战后经济最好的一年，仍有 40% 的美国人没有足够的银行存款去"支付 400.19 美元的额外开支"。

去加利福尼亚州之前的那一年的年初，我居住在纽约市，与平常一样从事教学工作。2020 年 2 月底，我病了一场。起初是剧烈的头痛和长时间断断续续的睡眠。后来，我连坐在椅子上都很费力，腰部疼痛难忍。我曾猜测是拉伤，但后来怀疑是肾部感染，因为此前我身边有几个人生病。我不相信我感染了新型冠状病毒，原因是联邦政府官员断定，美国还没有出现疫情。很久之后，我在加利福尼亚州进行了抗体测试，第一次的结果显示可能是阳性，但第二次明确显示是阴性。测试花费了 50 美元。当时有几十种测试方法，但大多数都不可靠。我告诉自己，我感染了新型冠状病毒。不过，也许我没有感染。我们缺乏全国的统一领导，处于一种在美国很典型的状态：我们被要求进行自我防护。政府发布的指令前后不一，自相矛盾。起初，我们被告知，口罩毫无用处。但后来又被告知，佩戴口罩十分必要。在曼哈顿，货架上的洗手消毒液和酒精被抢购一空。在我上高中的时候，我和我的朋友想方设法找到了购买清如许（Everclear）牌 95 度烈酒的方法。我们的口号是"喝了清如许，万事皆不清"。我不知道这种烈酒是否还在出售。经过一番寻觅，我终于在位于百老汇的一家烟酒店找到了仅剩的两瓶。后来，我把酒倒进一只黄色的、体积较小的喷药瓶，随身携带，时不时喷在手上消毒。康复之后，我选择继续留在纽约，即使在被迫转为网上教学以后也是如此。当时的纽约，街道空空荡荡，不过还是能看到一些乞丐。距我的公寓不远，就是西侧市场（West Side Market）。在那附近的一个人行道上，经常坐着一个失去双腿、又没有轮椅的乞丐，他总是伸手向路人乞讨。有一天，我从他旁边走过。也许是没有讨到多少钱，他看到我之后，用双腿的残肢和一只胳膊支撑着地面，像一只敏捷的螃蟹一样向我快速移动。他的另外一只胳膊尽力向前伸展，手掌也尽可能张得最大。他的眼神透露着急切和乞求，张开的嘴巴口水直流。第二天晚上，在肯尼迪国际机场，我向朋友们发送了捷蓝航空（JetBlue）航站楼内空旷景象的照片。在和他们中的一个人的通话中，我说了一句陈词滥调：这是电影《僵尸启示录》（Zombie Apocalypse）的场景。我不禁要问，这是赤裸裸的现实吗？在那架飞往加利福尼亚州的航班上，总共只有 28 个人。

在随后的两个月里，我与我的朋友们一起隔离。工作的时候，我就在他们家后院的小房子内办公。和许多美国白领一样，我们闭门不出。亚马逊、UPS 快递和联邦快递的投递员，源源不断地把货物送到房前的门廊，但我们只是透过窗户看着他们，并不与他们接触。

太平洋夏季时间 5 月 26 日（周二）接近中午的时候，我一边喝着咖啡，一边读着《纽约时报》（The New York Times）。该报称，根据美国劳工部提供的数据，前一周美国申请失业救济的人数达到 330 万人，创历史最高纪录。同时，美国股市大涨，道琼斯指数上涨大约 300 点，标普 500 指数创 11 周新高。彭博社（Bloomberg）发表评论称："投资者推测疫情对经济打击最严重的阶段已经过去，因此他们重新入场，积极购入风险资产，进而导致股价上涨的时间早于市场预期。"那一天是（倒）垃圾日。看完报纸，我离开小屋，到行车道的尽头去取装有轮子的黑色塑料垃圾桶。当我拉着垃圾桶，转过屋角，顺着斜坡向下面的街道走去时，我注意到，在一个装可循环利用垃圾的蓝色垃圾桶旁边，有一男一女两个人。那个垃圾桶里面的垃圾还没有被清运工运走，而他们两个人正在里面翻找东西。当他们抬头看到我时，两人都面带负罪感。我觉得，他们不应该出现在这种场景里，因为他们衣着得体、整洁。"我从来不会想到，自己有一天会在垃圾桶里找东西换钱。"鲁迪·里科（Rudy Rico）告诉我。"但你总要吃饭。"我说。接下来，是尴尬的沉默，好在附近一棵皇后葵上的一只嘲鸫叫了起来，帮助我们化解了难堪的局面。鲁迪以前是一位园林设计师，新型冠状病毒肺炎疫情导致他下岗。

"我们当时和我的妹妹住在一套房子里，但她后来得了严重的肝病。医生告诉她，她房子里的其他人必须搬出去。"鲁迪说。

由于失业救济金的发放速度缓慢，鲁迪和他的妻子克里斯蒂娜（Christina）面临两难的选择：每次失业救济金到手之后，是存起来一部分，过一段时间以后支付疫情以来一直没有支付的房租？还是偿还购买汽车的欠款？最终，他们选择了后者，因为在那个时候，汽车就是他们的家。他们把汽车停在路边，每天晚上在不同的街道停车和睡觉，以便躲避警察。他们还发现了海滩上的一处公共卫生间，于是就喜欢待在附近。我的垃圾桶里装着一些苏打水和啤酒的空瓶子和易拉罐，还有一些硬纸板。"这些东西大概值 3 美元，"鲁迪说，"相比而言，我们过得还算不错"。但他们在垃圾桶里翻找一天，也只能挣 50 美元左右。"我不想不劳而获，也不愿意贪得无厌，我只留下这些易拉罐。"鲁迪边说边拍打装着失业救济金支票的口袋。"不过，我需要保住我的车。"他们夫妻俩都已经 55 岁，结婚 37 年了。他们说，或许他们在很长的时间内都会无家可归，甚至在鲁迪重新上班之后也会如此。"搬回公寓居住，需要 3000 美元。"鲁迪说。

他们捡垃圾的时候，经常会遭到一些富人的训斥。克里斯蒂娜告诉我，当她看到我从行车道走下来的时候，她猜测我也会那么做。

"有些人怒气冲天。"她说道。

随着年龄的增长和阅历的加深，我们创造了不断变化的、关于生活的叙事。这并不是说，我们像兜售捏造的政治叙事的政客一样，向其他人推销我们自己。事实上，我们是向自己推销自己，以便应对几十年来在生活中遇到的事情，并弄懂其中的意义。对于我在俄亥俄州（Ohio）的孩提时代，我有这样的叙事：我的父亲饱受战争创伤，脾气暴躁。他梦想成为老板，日进斗金。白天，他在很远的一家工厂上班；夜晚，他则在地下室里的大型铁制机器上打磨钢铁工具，那是他的副业。在青春期之前，我就开始在地下室和他一起干活了。有一次，我父亲差点被一个醉酒驾驶机动车的司机撞死，几个月都无法行走。我年龄尚小，或者说作为车工，技术不够熟练，因而无力挽回父亲的副业。我的母亲是校车司机，她经常从教堂为我们全家带回慈善机构和慈善人士捐赠的食品。在这样的叙事中，我的生活充满恐惧，因为我确信，长大之后我将会成为一名蓝领工人，生活艰难坎坷，充满巨大的不确定性。

对于我刚刚 20 多岁的那段时光，我有这样的叙事：我当时把自己称为"作家"；作为克利夫兰（Cleveland）几家报社的特约记者，我风雨无阻，骑着雅马哈摩托车，去报道学校理事会的会议和市政会议。我骑行的范围是几个郊区，那些郊区呈半圆形，边长大约 30 英里①。我之所以那么努力，是

---

① 1 英里约等于 1.6 千米。——译者注

希望依靠写作来摆脱做工人的命运，逃离工厂。我当时在一家塑料加工厂上班，具体工作是用车床加工轴承隔离圈。其实，我当时还不是一位作家，我只是撒谎称自己为作家而已。尽管我在《克利夫兰诚报》（*Cleveland Plain Dealer*）和其他多家报纸发表的署名文章越来越多，但我仍然是个"冒牌货"。1980 年，我开车到西部寻求发展机会。起初，我居住在我的"达特桑"（Datsun）皮卡里，给多家新闻编辑部打电话，希望能找到工作。当时，我事实上已经无家可归了。然而，我的叙事突然发生了变化，因为我最终在萨克拉门托^①（Sacramento）的一家大报社谋到了职位。当我接近 30 岁时，我成了一名蓝领"作家"，这一称号是一名编辑"授予"我的，我靠自己的努力赢得了这一称号。

我的中年时期的叙事是这样的：在纽约卡内基音乐厅的舞台上，与著名乡村音乐歌手肯尼·罗杰斯（Kenny Rogers）握手；在田纳西州（Tennessee）首府纳什维尔（Nashville）与吉米·卡特（Jimmy Carter）总统交谈；与众多名人雅士共进午餐，其中包括经济学家约翰·肯尼思·加尔布雷思

---

① 萨克拉门托（Sacramento）是美国加利福尼亚州萨克拉门托县的县政府所在地，同时也是州政府所在地。——译者注

（John Kenneth Galbraith，在哈佛教职员俱乐部）；导演、制片
人和剧作家威廉·弗里德金（William Friedkin，在比弗利山
庄）；演员罗杰·斯特劳斯（Roger Strauss，在纽约）；在做
广播节目前，与加利福尼亚州州长杰里·布朗（Jerry Brown，
在奥克兰）闲谈；与摇滚歌手布鲁斯·斯普林斯汀（Bruce
Springsteen）一起潜入俄亥俄州扬斯敦（Youngstown）的一家
废弃钢铁厂——希望不会被警卫抓到和投入监狱。我还和许
多大名鼎鼎的人物共进晚餐，其中包括记者、作家、"新新闻主
义"开创者汤姆·沃尔夫（Tom Wolfe，我们曾邀请他在斯坦
福教学），歌手布鲁斯·库克本（Bruce Cockburn，在纽约），
作家、历史学家、播音员斯塔兹·特克尔（Studs Terkel，在
芝加哥）。在山景城（Mountain View）海湾地区的一家剧场的
后台，我与刚从化妆室跑出来的歌手克里希·海德（Chrissie
Hynde）撞个满怀。稍后，我又与音乐家兼歌手贝克·汉
森（Beck Hansen）站在一起。在曼哈顿上东区举行的一次
文艺晚会上，我有幸与之会面的名人包括演员乔治·斯特
凡诺普洛斯（George Stephanopoulos）、编辑爱丽丝·梅休
（Alice Mayhew）、揭穿水门事件丑闻的两名《华盛顿邮报》
（*Washington Post*）记者之一卡尔·伯恩斯坦（Carl Bernstein）、
作家肯·奥莱塔（Ken Auletta）以及演员查理·罗斯（Charlie

Rose）。上述人物当中，大多数我都不是真正熟识。除了布鲁斯和斯塔兹，其余的人中，大多数我都没有再见过面。我是斯坦福大学（Stanford University）杰出的客座教授，后来又成为哥伦比亚大学（Columbia University）的终身教授。对于上述场合，虽然我身处其中，但我对自己的任何头衔以及当时的场景都无法很好地适应。事实上，我与他们在一起，感到非常不适。虽然我不再是那个蓝领青年，也不再是那个蓝领"作家"，但我同样也不是常春藤名校的教授，尽管我的头衔确实如此。在内心深处，我觉得自己仍然是一个"冒牌货"，在每个地方都是这样。换句话说，我感到无所依归，不属于任何地方。

我想起了博尔赫斯（Borges）对记忆的描述，那是他父亲的经验之谈。"'如果我今天白天回忆早上发生的事情，那么，我就会得到自己早上看到的景象。然而，如果我在晚上回忆早上发生的事情，那么，我真正回忆的不是第一个景象，而是记忆中的第一个景象……'然后，他用一叠硬币进行了说明。他把一枚硬币放在另外一枚上面，说：'现在，第一枚硬币，也就是最下面的这枚，我把它比作我童年时代对我家房屋的印象。第二枚是我去首都布宜诺斯艾利斯时，我对那座房屋的印象。第三枚是另外一个记忆，依此类推……每一个记忆都会有失真，哪怕失真程度或许不大。'"

我们的叙事就像那些在桌子上垒起来的硬币。我们一而再，再而三地创造叙事，导致最上面的那一枚硬币给我们的生活下了定义，但这个定义似是而非。到 60 岁的时候，我们究竟是谁呢？时光飞逝，我遇到无家可归的鲁迪和克里斯蒂娜的那天上午，与我在克利夫兰的青少年时期已经相距遥远。然而，在我遇到他们的时候，我内心的某种感受将垒在上面的硬币一扫而空，让我瞥见了最下面的那枚硬币，尽管那只是转瞬即逝的一瞥。那个在圣迭戈（San Diego）的夜晚，我反复播放着我见到鲁迪夫妇时录制的录像。躺在床上，我一直想着他们的事情。他们让我想起了我在长大成人的过程中遇到的工人阶级。

新型冠状病毒肺炎疫情似乎短期内难以结束。我们可以拉平感染曲线，避免病例集中暴发。这样的话，联邦政府的相关部门就会有更多的时间去制订计划。然而，那些部门从来没有制订过计划。按道理说，民众应当隔离。不过，隔离多长时间？一年？还是两年？我们目前的状况与僵尸电影一样恐怖，甚至创造了新的"典范"。然而，我们对目前的疫情防控规则一无所知。例如，是否允许出去游玩呢？

偶遇鲁迪和克里斯蒂娜的第二天，我和一位朋友去了沙漠地区。她开车把我们从沿海地区带到了荒凉、暗褐色的山区，路边的指示牌布满了弹孔。我们从高处行驶到了干涸的谷底，四周到处是三齿拉雷亚灌木（石炭酸灌木）丛。忽然，一座20世纪30年代建造的度假村映入了我们的视野。那里生长着一簇簇高大的扇形棕榈树和原生柽柳，远远看过去就像沙漠里的绿洲。像这样的位于沙漠的度假场所，一定是普利策奖得主、演员、剧作家兼导演山姆·谢泼德（Sam Shepard）喜爱的地方。更加具有超现实主义色彩的是，当一位戴着口罩的前台工作人员给我们办理入住手续时，另外一位此前一言不发的服务人员从旁边走过来，用电子体温计快速照射我的额头。度假村里有许多红瓦小屋，但客人寥寥无几。事实上，我只看到了一对夫妇在度假村里散步。然而，我们每个人仍然都戴着口罩，我还不时掏出随身携带的喷药瓶，用"清如许"酒精消毒。当天下午和第二天上午，我们两人去了度假村的游泳池。那个游泳池位于较低的位置，宽敞空旷，池水泛着蓝色。相比之下，天空的颜色比池水还要蓝。然而，我们在那里时，只有我们两个人。我们摘下口罩，在浅水区来回击打着皮球。第二天中午，当我们开车离开时，一座废弃的加油站引起了我们的注意，原因是它正面的外墙上有一面喷涂的美国国旗，但颜色几乎已经褪去。

一座废弃的加油站，外墙上的美国国旗已经褪色

　　我的朋友问，是不是应该停车，下去拍一些照片。"不，光线太强，拍不出好照片。"我说。由于那面美国国旗面朝东方，所以拍照片的最佳时间是早上太阳刚刚升起来的时候。当然，傍晚也不错。当她转过弯，开始加速时，我想，让光线见鬼去吧。于是，我突然喊道："停车！"我的朋友把车停到路边，车门关上的声音在沙漠的空气中显得格外刺耳。我们两人站在那里，观察着那座建筑物。我确信，如果摄影大师沃克·埃文斯①（Walker Evans）来到这里，他一定会多拍一些照

_____

① 沃克·埃文斯是美国知名摄影记者，曾两度获得普利策奖。——译者注

片，我的老友迈克尔·S.威廉森（Michael S. Williamson）也会做出同样的选择。当从前门走进去的时候，我们正好面对着一张半遮着后窗的胶合板，上面涂鸦着几个大字："生而贫贱"！

废弃的加油站里面"生而贫贱"的涂鸦

饼和鱼 ①

　　我曾经崩溃过两次，时间分别是 1983 年和 1985 年。在前文中，我曾提到，有人在那座废弃的加油站写下了"生而贫贱"这几个字。可以想象的是，他的生活处境或许很艰难。我两次崩溃的部分原因是我长时间、近距离地接触了与写下那个涂鸦的人处境类似的人们。1983 年的那次崩溃，发生在我和迈克尔写完《无处可去的旅程》（*Journey to Nowhere*）之后。在这本书中，我讲述了我和我的老友迈克尔与失业工人密切接触的故事。我们与那些刚刚失业、被迫四处打工的工人一起搭乘火车，体验他们的生活。那段经历持续了好几年。我们从俄亥俄州的扬斯敦启程，根据沿途的所见所闻，

---

① 标题来自"五饼二鱼"的基督教故事。据"福音书"所述，耶稣在加利利传道时，用 5 个饼和 2 条鱼喂饱了 5000 人。——译者注

描述了钢铁工业的死亡，讲述了背井离乡去找工作的失业工人的遭遇。在最后一站，我们在加利福尼亚州的中央山谷（Central Valley）与他们一起挖甜菜。该书完稿时，我居住在加利福尼亚州的萨克拉门托。那个时候，互联网和电子邮件的时代尚未到来。通宵写作之后，我在第二天的上午驾车去联邦快递（Federal Express，当时还没有改名为 FedEX）邮寄书稿。在回家的途中，我经过了一个成立不久的、名为"饼和鱼"（Loaves & Fishes）的非营利组织。该组织有一个为无家可归者提供餐饮的爱心厨房，还有一个院子。当时，有许多人沿着第十二大街排队，准备领取食物，其中大部分是男人。当我开车经过时，我看了看他们的眼睛，随后我就哭泣起来。我注意到，在接下来的几周，情景仍然十分凄凉，排队的人并没有减少。后来，我夜间胃痉挛发作的次数增加了 1 倍，病发作时非常可怕，令我痛苦不堪。因此，我不得不去看医生。医生告诉我，那是由压力和创伤后应激障碍（PTSD）造成的。这样的事情也发生在其他人身上，并不稀奇，所以我没有必要赘述。然而，我还是要指出，我在 20 世纪 80 年代的经历，导致我在 20 世纪 90 年代离群索居，远离社会。当时，我居住在自己在乡村建造的一座房子里，离我距离最近的邻居也在半英里之外。我的那座房子安装了太阳能电池板，因此我没有连接公共电网，完全生活在一种逃离社会的状态当中。后来，我再一次拿起笔，批判我们这个只有 1% 的富豪疯狂聚财，越来越多的人却更加困顿的社会。最终，在 2016 年 12 月，我在《史密森尼》（*Smithsonian*）杂志上发表了一篇占据 21 页的文章，谈论美国的贫困问题。令人痛心的是，这个日益严重的问题却出现在被认为经济已经复苏的时代。当时，我告诉我的朋友们，那将是我最后一次谈论贫困问题，因为我要说的话已经全部讲述完毕，我已经无话可说。

后来，我遇到了鲁迪和克里斯蒂娜夫妇。再后来，我走进了那座废弃的加油站。我忍不住去想鲁迪夫妇和那张胶合板上的涂鸦文字。一天晚上，在我的小屋里，我再一次仔细查看那张"生而贫贱"的照片——在计算机显示屏上放大显示。我还同时查看了当时在那座废弃加油站内部拍摄的其他涂鸦的照片，其内容基本上都是关于世俗的东西，包括大麻、人名和爱慕对象等。那些涂鸦的颜色各异，其中"生而贫贱"的作者用的是黑色，而黑色对那几个字来说很完美。我可以想象出来，那个人写涂鸦的时候，气溶胶罐距离木板很近。他写字的速度比较慢，所以比较有力，进而导致有些地方呈水滴状。他好像要强调什么，而我能感同身受，体会到他的痛苦。为什么他们"生而贫贱"？几十年来，我和成百上千处于困顿中的美国人进行了交谈。我发现，"生而贫贱"的诅咒和厄运有多种表现形式，原因也多种多样。有些人由于很明显的原因而处于"生而贫贱"的境地：母亲在妊娠期吸食鸦片或酗酒、出生在贫困家庭、有色人种。另外一些人则由于稀里糊涂而陷入"生而贫贱"的状况：他们从事着祖父辈和父辈曾经从事的工作，认为自己不会失业。然而，突然有一天，公司宣布把生产外包给外国公司，而自己已经年过45岁，只有高中文凭，对公司来说没有重新培训的价值，只得卷铺盖走人。

还有一些人仅仅由于生不逢时而落入"生而贫贱"的黑洞。我们这一代人还算比较走运，在我出生的那个时代，包括我在内的一些蓝领钢铁工人的儿子，没有大学文凭，起步并不顺利，但后来依然实现了阶级跨越。就我个人而言，在1982年我24岁的时候，我就买了人生中的第一套房子。那座房子是牧场风格，单层，有三间卧室，占地大约半英亩^①，位于高档郊区。房子的价格为 70 000 美元，大约相当于我那些年做记者时年薪的 3 倍。发生在我身上的事情成为可能，有

---

① 1英亩大约等于4046平方米。——译者注

两个关键原因：一是我是白人，不是黑人；二是我成年时，美国处于历史上很少见的阶段。在那几十年的时间段里，工人阶级的子女有可能实现阶级跨越。当时，受益于第二次世界大战，美国经济占世界经济总量的大约四分之三。然而，根据国际货币基金组织（IMF）公布的数据，目前美国经济在世界经济中的占比为24%左右。许多经济学家认为，这一占比仍然稍高于预期。因此，美国从20世纪中期的高光时刻下滑不可避免。但是，允许1%的美国人疯狂积累巨额财富，却是完全可以避免的事情。

对于生活在21世纪20年代的美国人来说，大多数人几乎没有实现阶级跨越的机会。因而，这一代的美国人"生而贫贱"。对我的那些常春藤名校的学生们而言，即使在新型冠状病毒肺炎疫情暴发以前，他们也已经很难找到能够让他们生存下去的工作了。即使他们找到了工作，工作也大多是临时性的。他们已经没有机会在找工作的时候货比三家，而是稍有机会就被迫紧抓不放，不敢"挑三拣四"。

10年前，我和迈克尔出版了《像美国这样的地方：新大萧条的故事》（*Someplace Like America: Tales from the New Great Depression*）。这部著作是对我们此前25年工作经历的报道式回顾。我本以为，部分读者会对该书的副书名表示不满，实际上却没有人对此提出异议。收入停滞不前甚至下降的美国人，占美国总人口的三分之二。对这部分人来说，该书的副书名所表达的意思，是显而易见的事实。此时此刻，唯一尚不明确的是，目前的经济下行是将演变成我1982年曾经报道过的那种经济形势——严重的经济衰退，还是将被官方定义为更糟糕的经济状况——21世纪的经济大萧条？但是，新型冠状病毒肺炎疫情已经揭开了我们那本书的副书名所揭示的事实。也就是说，我们已经长期处于大萧条，只是官方没有宣布而已。

在20世纪80年代初，我认为，只要让公众和政府意识到美国显而易见的问题，就会刺激政府和社会产生变革。因此，我所需要做的，就是记录下来正在发生的事情。我和迈克尔1985年初出版的《无处可去的旅程》，是第一部关于"新的"无家可归问题和日益不平等现象的著作。不久，几十本关于这个题材的图书陆续出版。在随后的几十年里，类似的著作多达几百本。包括我和迈克尔的书在内，这些图书有相似的内容，描述的是同一个疲惫的国家的类似版本。它们发出的呐喊像在低级嘈杂的酒吧里播放的音乐，根本没有人听，原因是每个人都已经酩酊大醉。有一段时间，我认为，我在呼吁重视贫困问题这一方面的工作已经完成，我至少不会再进行系统的研究，也不会再耐心地向广大美国民众讲述这一问题。然而，在我和朋友去了沙漠地区并看到那个涂鸦之后，我觉得，再次发声的时刻又一次来临了。

几周之后，我又回到了那座废弃的加油站。我到达时刚过中午，阳光依然很强，不太容易拍出好照片。于是，我就在那里停留了较长时间，等待光线柔和下来。多年以来，我和迈克尔到访了许多废弃的场所，包括铁锈地带①（Rust Belt）废弃的钢铁厂、高地平原（High Plains）荒废的农场、南方腹地废弃的佃农窝棚和种植园的豪宅。我们相信，有必要去安抚那些被埋葬在那些荒芜之地、受到困扰的灵魂，让他们得到安息。我在那座废弃的加油站附近沉思，回忆过去40年的人生经历。四周一片沉寂，这种寂静只是偶尔被那些从不远处的停车指示牌附近加速驶离的汽车声所打破。我担心，他们当中有些人会斥责我。然而，他们不会注意到，我整个下午都在那里。对我而言，我想不明白的是：是我发现了这座废弃的加油站，还是它发现了我？但经常发生的事情是，人生之路会把我们带到我们应该去的地方，并让我们看到我们

---

① 铁锈地带最初指的是美国东北部、中西部和五大湖附近传统工业衰退的地区，现泛指工业衰退的地区。——译者注

应该看到的东西。就这样，我一直停留到日落。傍晚时的沙漠，光线柔和、完美，我抓住机会拍摄了多张照片。在 2020年 5 月出版的一期《外交事务》（*Foreign Affairs*）杂志上，哈佛大学教授、经济学家卡门·莱因哈特（Carmen Reinhart）及其丈夫纽约银行梅隆资产管理公司首席经济学家文森特·莱因哈特（Vincent Reinhart）撰文指出，美国经济已经处于"疫情衰退"时期。我想，"疫情衰退"初期带给人们的感觉，与美国步入 1929 年寒冬时带给人们的感觉并无二致。

加利福尼亚

CALIFORNIA

第二部分

蛇坑

虽然那段时间我居住在加利福尼亚州，但不管怎样，我最终都要回到纽约市。为此，就采用什么方式回纽约这一问题，我做了计划。我此前的决定是开车回去，因为乘飞机似乎是个糟糕的想法。我最初的计划是在返回的途中进行汽车露营，在科罗拉多高原（Colorado Plateau）大峡谷平滑的岩石上远足，沿途再顺便拜访几位朋友。然而，在遇到鲁迪和他的妻子克里斯蒂娜，以及见到那座废弃的加油站之后，我很快改变了最初的计划。我告诉我那在《国家》（*The Nation*）杂志社工作的编辑，美国正处于脆弱时期，最好推出一篇关于当今美国社会的纪实报道。那个"生而贫贱"的涂鸦是我改变计划的转折点，它促使我把返回纽约的旅程变成了一项进行社会调查的使命。在新闻学院教学时，我告诉学生们，叙事要具有"中心问题"。这一术语原本应用于社会学研究，但同样适用于完成讲述叙事性故事的目标。所谓中心问题，就是必须回答的问题。没有中心问题，故事就不会存在。"生而贫贱"成为我即将进行的社会调查和纪实报道的中心问题。我的计划是，把那座废弃加油站外墙上褪色的美国国旗的照片，以及那张"生而贫贱"涂鸦的照片存进手机。然后，在进行社会调查的过程中，按顺序向人们展示这两张照片并记录他们的反应。这有点像罗夏测验 [①]（Rorschach Test）。美国有许多在困顿中痛苦挣扎的人们，他们与"生而贫贱"这几个字或许有关，也或许无关。至于他们将要对我说些什么，我一无所知。

　　萨克拉门托无疑将是我启动这项社会调查的第一站。我曾在这座城市生活过一段时间，但对我来说，它的意义绝不仅限于此。这座城市使我回想起了我生命中较早阶段的叙事：我当时是一位无家可归、渴望成功的"作家"，遭遇了许多至暗时刻。当我驾车沿着 5 号公路向北而行，穿越中央山谷的时候，我回忆着那段穷困潦倒的岁月。我记得，连续在我的"达特桑"皮卡里居住几个月之后，我终于得到了好消息。

---

① 　罗夏测验是一种用于测查认知、想象力和人格的投射测验，由瑞士精神医学家及精神分析师罗夏（Rorschach）1921 年编制，美国心理学家霍尔茨曼（Holtzman）1961 年改编。——译者注

《萨克拉门托蜜蜂报》（*Sacramento Bee*）负责地方新闻的编辑罗伯特·福赛斯（Robert Forsyth）给我打电话，告诉我他那里或许有个职位空缺。他说，事情具有不确定性，让我不要抱太大希望。同时，要到大选结束后的第二天才能给我确切消息。我一向省吃俭用，但是那天我破天荒地奢侈了一把，

1936 年萨克拉门托主城区北面美国河附近无家可归者的营地

摄影：多罗西娅·兰格（Dorothea Lange）。

资料来源：美国农业安全管理局。

在加利福尼亚州南部的多埃尼州立海滩（Doheny State Beach）订下了一个露营的位置。我沿着潮水涨落的海滩走了很远的距离，释放我的紧张情绪。我记得，我们约定的时间是一个周三的上午。当我走进付费电话亭时，我紧张不已。拨通电话后，罗伯特说："我有一个好消息和一个坏消息。"我告诉他，先告诉我坏消息。"里根当选总统。"他说道。就这样，我被录用了。我清楚地记得，我正式上班的日期是1980年11月17日。

2020年萨克拉门托主城区北面美国河附近无家可归者的营地

　　幸运地找到工作后，我搬进了美国河（American River）北面一套崭新的公寓里。当时，那一带区域有一片刚刚建成的公寓大楼群，四周还是种植红花和其他作物的田地。实际上，那个区域是一个面积很大的农业开发区，而那些公寓大楼是首批开发的项目之一。工作之余，我有时候会向南散步到"探索公园"（Discovery Park）。美国河的河水，顺着内华达山脉——曾经的淘金热的热点地区奔腾而下，在这里汇入萨克拉门托河（Sacramento River）。河边的树木以及盘根错节的野葡萄树，形成了浓密的树丛，几乎难以穿越。有几条小路通向树丛，在它们的尽头，我发现地面上有一些硬纸板和旧报纸，说明有人在那里过夜。我很纳闷，不知道他们是什么人。是非法移民吗？还是酒鬼？我虽然来自工人阶级家庭，但对无家可归者和酗酒者一无所知。我觉得有必要写一篇报道，于是就写了一篇文章，刊登在 1981 年 1 月 17 日的《萨克拉门托蜜蜂报》上。为了写那篇报道，我花了几个昼夜的时间，实地察看了一家由名为"美国志愿者"（Volunteers of America）的慈善救助机构设立的收容中心，人们一般称之为戒酒和戒毒中心。当那些无家可归者不在收容中心睡觉时，他们就睡在被他们称为"杂草"的临时宿营地里面。如果被警察抓到并带到收容中心，他们就睡铺在水泥地板上的垫子上。我注意到，那里总共有 60 张垫子，成排摆放。我在那里没有看到女人，全是男人。那座收容中心其实是一个仓库，收容那些被社会抛弃的男人们。同时，还有些人在那里接受戒酒和戒毒治疗。收容中心的官员们告诉我，总共有大约900名"铁杆"常客。我在文章中写道："这是一种残酷的生活方式，30岁的人看起来要苍老许多，而60岁以上的人，面色如同死人一般。许多无意识的、蜷曲的躯体躺在那里，空气潮湿，散发着汗水、酒精、呕吐物和消毒水的味道。"现在再一次阅读我写的那一篇报道，我觉得自己当时太过天真和年轻。不过，那就是我当年的样子。到1982年，无家可归者的状况以及我在这个问题上的观点都发生了重大变化。更多的、新的无家可归者蜂拥而至，他们中的很多人从来没有流浪过。但是，由于经济衰退愈演愈烈，他们不幸成为新的牺牲品。

我清楚地记得，有一周，越来越多的流浪汉开始沿着河边宿营。到1982年春天之前，在班农街（Bannon Street）出现了一座"帐篷城"，它的位置就在一个慈善救助机构的对面。然而，在1982年6月的第一周，他们被驱离。关于那次事件，我还曾写了一篇报道，发表在1982年6月13日的《萨克拉门托蜜蜂报》上：

四个月前，罗恩·布莱尔（Ron Blair）被迫下岗，从此居无定所。在找工作的同时，他开始在班农街宿营。那个营地是一个名为"美国志愿者"的慈善救助机构设立的。

大约一周以前，他连那个简易的"房子"也没有保住。

营地原本在那个慈善救助机构后面的一块空地上，但一周前，营地被栅栏隔开并被关闭。这背后有两个原因：一是经费不足；二是萨克拉门托市计划在营地的位置上建一座养路工班房。

随着那个营地的关闭，越来越多的人在"探索公园"以及美国河沿岸宿营，这导致萨克拉门托警方很不耐烦，于是就在上周驱赶他们。

"警察想把我们赶出城区，"布莱尔说道，"我一辈子都在交税，况且这里的大多数人每天都工作。为什么像驱赶狗一样驱赶我们？"

在随后的几年里，"贫困"成了我的报道主题。整个 20 世纪 80 年代，我都在萨克拉门托，为《萨克拉门托蜜蜂报》撰写关于饥饿和无家可归问题的报道。20 世纪 80 年代末，萨克拉门托警方成立了名为"不屈不挠"（Bronco Billy）的警队，驱赶无家可归者。一天下午快下班时，我桌子上的电话响了起来。一名男子用低沉沙哑的声音告诉我，警方将在第二天早上突击驱赶那些无家可归者。"第十六大街桥下的河边，早上 6 点 30 分赶到。"他说道，然后就匆忙挂断了电话。第二天早晨，我按时赶到指定地点，见证和记录了警察驱赶无家可归者并拖走他们仅有物品的行为。

1991 年，我离开了《萨克拉门托蜜蜂报》。2009 年，由于要报道关于一本书的新闻，我曾经重返萨克拉门托。当时，当地警方刚刚关闭了一座大型"帐篷城"，原因是此前《奥普拉脱口秀》(The Oprah Winfrey Show) 曾谈及了此事。至于关闭的原因，那些政客大言不惭地声称，这完全是"出于健康和安全考虑"。他们并没有因为这种不光彩的事情被曝光而感到丝毫的尴尬。民权律师马克·梅林 (Mark Merin) 当时正在为无家可归者争取建立"安全地点"的权利，以便让他们有合法的宿营场所。那天下午，我也加入了游行抗议的人群，为无家可归者争取利益。萨克拉门托官方则表示反对，继续维持对无家可归者的敌视态度。这一次，我在 11 年后再次回到萨克拉门托。当天，我参加了梅林举行的新闻发布会。他宣布，无家可归者最终赢得了建立"安全地点"的权利，其中的部分原因是新型冠状病毒肺炎疫情暴发。

当然，那天的情形与新型冠状病毒肺炎疫情暴发前已经完全不同。在新闻发布会现场，除发言人外，每个人都佩戴着口罩。在会场里，我还认出了约翰·克拉特兹（John Kraintz）。虽然他戴着口罩，但他粗硬、灰白色的胡须和灰白色马尾辫依然引人注目。约翰是我 10 年前遇到的一位无家可归者，虽然现在住在公寓里，有了安身之地，但他仍然积极为无家可归者争取权利。就这样，约翰成了我的第一个纪实调查对象。当他看了那张废弃加油站外墙上褪色的美国国旗的照片，以及那张"生而贫贱"涂鸦的照片之后，他抬起头，很快回答我说："在《独立宣言》（The Declaration of Independence）中，他们告诉我们，人生而平等。这是最大的谎言。如果你有钱，他们才在乎你。所有的一切都是钱的问题。"

那天和我一起参加新闻发布会的是乔·史密斯（Joe Smith）。作为萨克拉门托非营利组织"饼和鱼"的宣传部长，他的工作任务是深入无家可归者中间，帮助他们获得支持。在新闻发布会召开的几天前，我们曾通过电话进行了首次交谈。他当时告诉我，新型冠状病毒肺炎疫情暴发后，周围其他县的大量无家可归者涌入萨克拉门托。他还说，虽然我曾经在距离美国河不远的地方居住过，但如果要我回到那里，恐怕现在也认不出来了。现在，在第十六大街附近，有一座被称为"蛇坑"的无家可归者营地。"成百上千的人住在那里，营地的规模有点像一座城市。除一个中心区之外，营地周围还有八九个帐篷，有点像营地的'郊区'。"他还告诉我，按照官方的统计数据，那里共有 5500 名无家可归者，但是实际上很可能超过 10 000 人。新闻发布会之后，我们先去查看了非营利组织"饼和鱼"设立的营地。营地散落在一块占地 5 英亩的土地上，位于市中心北面的工业区。它给人的感觉是，这块营地是无家可归者的"工业园区"，这里有流浪儿童学校、妇女居所、精神健康诊所以及其他服务机构和设施。让"饼和鱼"感到自豪的是，它没有接受政府一分钱的资金，因为它不想让政府告诉它应该怎么做。2019 年，"饼和鱼"从捐款中支出了 740 万美元，拥有工作人员 80 名，全年共提供了 136 384 份餐饮、152 400 杯咖啡、超过 30 350 人次的热水淋浴和剃须服务，经过其仓库派发的食品超过 47 吨。我们在那里时，我听到一位女士一直大喊"救命！""救命！"但我看不到她。有人告诉我，她一直是那样。我对她的状况感到担心，但那里的人们却并不在意。由于她总是那样喊叫，人们无法进行调查。实际上，如果你面临精神创伤，你必须学会接受和放下，否则它就会成为你的一部分。我已经逐渐学会如何应对精神创伤，但是从来没有感觉到已经适应了它。

随后，我们开车实地到访"蛇坑"。到达之后，我们沿着河边步行。防洪堤两侧有大量的简易住所，一直延伸到了树林里和草地上。简易住所数量之多，令我感到震惊。我注意到，有几十个简易住所的搭建还是花了一番心思的。乔指向右侧，我放眼望去，看到在挂满尚未成熟的果实的野生杏树林的那一边，有一些稀疏的树木，周围是一片片金色的俄罗斯蓟和绿色的草地。"那边吗？朝那边走，那里或许住着500人。"那块营地绝不仅仅是临时居住的地方，无家可归者似乎要在那儿长期安营扎寨。眼前的景象使我想起了多罗西娅·兰格拍摄的照片。1936年末，兰格曾为美国农业安全管理局拍摄了多张美国河沿岸无家可归者营地的照片。我无法精确地确定那些营地的位置，原因是她给出的信息不够详细。然而，以照片中的防洪堤作为参照物，我们在将近84年后重新走过了那些地方，这一点确定无疑。从种族上来说，在"蛇坑"居住的无家可归者主要是白人和黑人。在那里，我遇到了许多人，其中包括乔治（George）。他是非洲裔美国人，来自奥克兰。我和乔治走下防洪堤，去了他的帐篷。在那里，乔治让我看了他的100瓦的太阳能电池板、1000瓦的交直流转换器，还有一块12伏直流电池。这套系统能够给他的电灯和电视供电，还能够让附近的许多人给手机充电。看完这些设备之后，接近40岁的乔治拿出他的剪贴簿给我看。这上面有许多他和家人的照片，记录了他曾经的快乐时光。当乔治看到他去世不久的母亲的照片时，他忍不住抽泣起来。最后，我们重新返回防洪堤。在那里，乔正在和一位居住在附近的白人女士交谈。我问那位女士，"蛇坑"的名称由何而来。

"这里有很多蛇。"她回答道。

"蛇并不是冷血动物。"乔治接着说。

"这片地方有一些蛇，但其中的大部分用两条腿走路。"那名女士补充道。

我和乔继续沿着防洪堤上面的道路向前行进。乔说，他正在准备迎接更多无家可归者的到来，原因是经济恶化和疫情导致许多人永久失业，并被赶出了公寓。"人们对这种现象感到害怕，背后有几个原因，其中包括，预计将出现一大批原本居有定所，但突然变得无处安身的群体。对这些人而言，突然失去他们的世界，将给他们造成严重的心理创伤。他们将会有两种反应：一是被吓坏了，因而无法正常面对社会；二是来到这里后，变得无比残忍，这是因为他们的生存本能迫使他们那么做。他们将会走极端，我知道这一点，因为我经历过这些事情，我曾经是那样的一个人……"

乔放慢了脚步，跟在我的后面。在 20 世纪 80 年代，美国河这一带让人觉得有点可怕。然而，多年之后，这里的绝望程度已经呈指数级增长，感觉更可怕了。这时候我突然觉得，乔作为我的向导陪着我，真是一件令人高兴的事情。跟上我之后，乔继续说道：

　　那些新的无家可归者来到营地的时候，会把以前家里能带走的东西都带着。营地的一些"老居民"则会抢夺新来者的财产，尤其是天黑之后。他们会抢走你带来的任何东西，以宣示他们对这里的控制权。乔把即将到来的危机比作中西部地区的雷雨。如同雷雨到来时一样，当危机来临之际，世界好像就要消亡了。很快，一声巨响，你将不得不面对灾难性的后果。他还告诉我，新的无家可归者到来时，不会马上就居住在河周围的帐篷里，陷入赤贫需要一个过程。你会尽量在汽车里居住，同时尽量保护值钱的东西。然而，这将进一步吸引那些"趁你不幸要你命"的人的注意，使自己陷入更大的危险之中。在无家可归的初期，危险程度令人难以置信。

在新的无家可归者当中，有些人花光积蓄，身无分文。有些人的汽车出现故障，却无钱修理。这样，他们就不得不在防水布下栖身。在我多年的记者生涯里，我亲眼看见这些事情一再发生。所以，我知道这个过程。一旦失去汽车，因无家可归而导致的精神问题接踵而至。即使你起初在精神上没有出现问题，但随着时间的推移，你也很可能无法摆脱这种魔咒。我很担心鲁迪和克里斯蒂娜夫妇，因此我会常常问自己，他们有能力重新返回公寓居住吗？

我和乔总共实地到访了七八个地方，与无家可归者进行了交谈。在此期间，乔表达了对警方的不满。他告诉我，萨克拉门托县曾发布了防控疫情的通告，要求尽量不要让无家可归者离开营地，以便减少疫情传播的风险。然而，负责萨克拉门托县公园治安的警方，一再找借口给那些无家可归者开罚单。

当我们走过一个自行车道旁边的一座帐篷时，乔给我讲述了住在里面的派克·斯托尔兹（Pike Stolz）的故事。派克被警方开了三次罚单，其中一次的原因是他为了支撑帐篷而把绳子绑在了一棵树上。不过，他并没有损害那棵树。巧合的是，当我们在返回的过程转过一个转角时，看到营地里有几名警察正在找派克的麻烦。这让人觉得，乔刚才说的话具有魔法，是他的话招来了警察。

"他们在干什么？"我问道。

"我们去看一看。"

我开始穿越马路，但乔很聪明，阻止了我："让我们先走

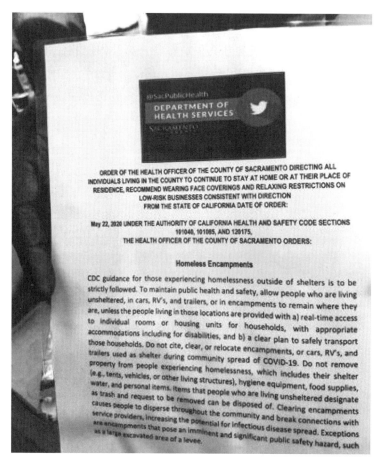

萨克拉门托县发布的尽量让无家可归者留在原地的防控疫情通告

警察正在对派克·斯托尔兹指手画脚

到停车标识牌那里，然后再过马路。要成为破坏者，你必须首先遵守法律。"

我们按照交通法规的规定走到路对面，然后靠近事发现场，但一位名为 M. 皮亚扎（M. Piazza）、编号为 R71 的警察命令我们后退。于是，我们只好坐在大约 100 英尺[①]以外的地方。乔告诉我，派克收到了多张罚单，其中一张的罚款金额为 480 美元。我们注意到，在警方的越野车里，还坐着这

————————

① 1 英尺大约等于 0.3 米。——译者注

个营地的一位无家可归者。他的双手被铐住，眼中怒火冲天。乔告诉我，多年前，那个人在"饼和鱼"的营地杀了一个人，被投入州立监狱，现在处于假释阶段。乔猜测，警察找这个营地的麻烦，或许是因为营地靠近自行车道，太过扎眼。要知道，头戴弹性纤维帽，身下骑着价值上千美元自行车的人们，就在那条自行车道上飞驰而过。过了一会儿，警察给派克开了罚单，但继续停留在他的帐篷附近。不久，派克走过了自行车道，给我看他刚收到的罚单。这已经是一周中的第四张了，这次的原因是他骑着摩托车跨越自行车道。我问派克，为什么要把营地搭建在这样一个容易被警察找麻烦的地方。这时，55岁的派克指向了我此前没有注意到的一盏街灯。他告诉我，他希望晚上在灯下面睡觉。那样的话，他会感觉安全一些。如果在长满野葡萄的树丛中睡觉，他会感到害怕，担心"两条腿的蛇"会趁着夜色攻击他。

我拿出手机，让派克看了我在那座废弃加油站拍摄的照片。看过之后，他用手指了指被铐在警车里的那个人，然后说道，"生而贫贱"绝对能够与那个人对上号。"他没有一天感到幸福或者有希望，他的生活中只有监狱或者类似的地方。不过，我不属于'生而贫贱'的情况。我觉得，我落魄到现在这种境地，我自己也应该有一部分责任。"前文中提到的乔治，就是有太阳能电池板的那个人，同样这样责备自己。除他们以外，我在营地里遇到的许多人也是这个态度。派克告诉我，他曾在美国海岸警备队服役，刚才的一位警察说的话让他感到很不舒服。那位警察说："我们要收回我们的公园。"派克表示："当你听到一位园林管理人员告诉你，要收回'我们的'公园时，他认为公园属于他。我难道不是美国公民中的一员吗？这种状况说明，我们已经失去了人与人之间的理解和联结。"

无家可归者营地一角

在萨克拉门托的城区，还有另外两处无家可归者营地。一处在南萨克拉门托，另外一处位于萨克拉门托河的西北面，被称为"岛屿"。"岛屿"营地里面的无家可归者年龄比较大，为了维护安全，那座营地甚至在新型冠状病毒肺炎疫情暴发前就已经把自己隔离起来。疫情暴发后，那座营地就更加封闭了。乔告诉我："他们在坚持。那里确实很不错，面积也很大。"乔还把那里比作"物资丰富和环境安静的居民区"。"岛屿"营地的负责人是一位名叫特瓦娜·詹姆斯（Twana James）的女士。我想第二天拜访她，但必须事先征得她的同意。乔把她的手机号码给了我，让我提前和她联系。

特瓦娜在"岛屿"营地的家

照片中几乎所有的东西，包括电视和音响，都是从垃圾箱里捡来的。

岛屿

我跟在乔的后面，沿着一条前人踏出的小路前往"岛屿"营地。小路两旁生长着许多白蜡树、毒橡树，还有浓密的、果实像 BB 弹（一种玩具枪子弹）一样大小的野葡萄树。从小路走出来之后，我们来到了一片稀疏的林地。在正午阳光的照射下，宽阔的萨克拉门托河透过树干的间隙鳞光闪闪。河岸边有一处葬狗的墓地，埋葬着曾经陪伴"岛屿"营地居民的狗狗们。那些坟墓的十字架上写着狗的名字，其中包括"悠姬""女朋友"和"生姜"等。此外，有两座十字架上面还写着"狗狗保佑"。

前一天晚上，我和 50 岁的特瓦娜通了电话，她同意与我们见面。她开朗、乐观，富有爱心，乐于助人。她虽然不喜欢被称为"岛屿"营地的负责人，但还是默认了这一头衔。她的口音带有典型的中央山谷地区贫困白人工人阶级的特点，语速很快，还有些吞音，让人觉得口齿不是很清晰。我一直在想，这是不是"黑色风暴事件"[①]（Dust Bowl）之后背井离乡的移民的语言遗产。她告诉我："我们这里有'电影之夜'，本周六将要放映的是《耶稣受难记》（*Passion of Christ*）。我们还一起学习《圣经》，时间是每周三和周六晚的8点到9点。"在她狭小的帐篷内，还有一座小型"图书馆"，人们可以从那里借阅图书。她还为营地的居民做饭，今天的晚餐是"毯包猪肉"。她将为大约35个人准备晚餐，这样的话，"岛屿"营地的70名居民中，一半的人晚餐有了着落。她的烹饪方法是，先用做饼干用的面团卷把热狗包起来，然后烘烤。资金来源除"岛屿"营地的人们凑的钱以外，还有特瓦娜在众筹网站GoFundMe上面获得的捐款。此外，她自己的食物券和部分社会生活安全补助，也常常被用来补贴大家的餐费。"我花钱帮助这里的人们，特别是老年人。这是因为，我爱他们，我实实在在爱他们。"当谈到一个名叫瑞内盖德（Renegade）的无家可归者时，她禁不住流下了眼泪："他年纪大了，无法行走，有时候无法自己去卫生间。你可以想象出来，他把周围弄得一团

---

① 黑色风暴事件（Dust Bowl）是1930年至1936年（个别地区持续至1940年）发生在北美的一系列沙尘暴侵袭事件。由于生态遭到破坏，上百万英亩土地荒芜，大量居民不得不背井离乡。——译者注

糟……"此外，这里还有一位盲人。

"我们自己照顾自己，"特瓦娜说，"我们照看那些老年人，我付钱让人给他们送水。"今天，乔带来了几箱水。一个年纪较轻的无家可归者用手推车把水运到了营地。我问特瓦娜，给邻居们做"毯包猪肉"要花多少钱。"算上饼干和'酷爱'（Kool Aid）等饮料，大概六七十美元。"这相当于每人两美元。"岛屿"营地与"蛇坑"营地形成了鲜明的对照，这里干净整洁，路面进行了打扫，没有杂物。在我们交谈期间，一个邻居来借特瓦娜的树叶耙子。特瓦娜的帐篷里面很整洁，但几乎所有的东西都是从垃圾箱里捡来的，其中包括小型耶稣像、卷曲型的紫色玻璃心饰品、电视、音响和电扇。此外，她的弟弟还送给她一张桌子和其他一些物品。

当特瓦娜谈论"岛屿"营地如何运行时，我在大脑里进行了总结。我把"岛屿"看成一个合作社，或者按照乔的说法，看作一个"集体"。我突然想起，在罗斯福新政时期，美国公共事业振兴署（WPA）在加利福尼亚州为流离失所的农场工人建立的威德帕奇（Weedpatch）难民营。那座难民营位于贝克斯菲尔德①（Bakersfield）以南的威德帕奇，首任负

---

① 贝克斯菲尔德（Bakersfield），美国加利福尼亚州中央谷地南端的城市，位于洛杉矶以北，两座城市相距180千米。——译者注

责人为汤姆·科林斯（Tom Collins）。约翰·斯坦贝克（John Steinbeck）的著名长篇小说《愤怒的葡萄》（*Grapes of Wrath*）对威德帕奇难民营进行了不加掩饰的揭露。威德帕奇难民营进行自治，或者说是处于"无政府状态"，而"无政府状态"与暴力无关。"岛屿"营地与威德帕奇难民营很类似。在"岛屿"营地，人们制定并实施了一些规则，违规者将被驱逐出去。这样的话，"岛屿"营地就不给警方任何找麻烦的借口。因此，特瓦娜和其他人一起，给原本无序的生活带来了秩序。

我还对未来将要发生什么进行了思考。在一两年的时间内，由于疫情给经济带来的打击，大量的美国人将会失去他们的独立房屋和公寓。美国历史上前所未有的无家可归浪潮即将来临，而鲁迪和克里斯蒂娜夫妇可以说是属于第一批。一些提倡住房权利的团体和个人已经就这一问题提出警告。例如，一家由此类团体和个人组成的联合体发布了白皮书。该白皮书警告称："如果不采取迅速有力的干预措施，在未来几个月，大约3000万至4000万美国人将面临被从住所驱逐的危险。"这个联合体的部分成员包括：普林斯顿大学（Princeton University）驱逐研究所（Eviction Lab）、阿斯彭研究所（Aspen Institute）、新型冠状病毒肺炎疫情期间防止驱逐项目（Covid-19 Eviction Defense Project）以及全国低收入住房联盟（National Low Income Housing Coalition）。该白皮书还指出："美国或许正面临历史上最严重的住房危机。在面临被驱逐风险的人群中，有色人种，尤其是黑人和拉美裔美国人，大约占80%。"

在上述3000万至4000万美国人当中，大多数不会成为永久性的无家可归者，但就新增的永久性无家可归者的数量而言，仍将触目惊心。鉴于过去几十年美国政治生活的历史，我不相信美国政府会帮助他们。这些人将不得不靠自己艰难度日，就像特瓦娜和她的邻居们一样，躲进树林，建立自己的合作组织。现在剩下的唯一问题是，如果获胜的民主党人无动于衷，不提供任何帮助，这些现代胡佛村[①]（Hoovervilles）是将会被称为特朗普村还是拜登村。

我让乔看了那两张照片。

看完之后，他说："我理解这种说法，因为我已经感受过那种感觉。哦，我确实已经感受过了。当人们处于不同的人生阶段并回首往事时，人们会有不同的感受。回想我过去的

---

① 在美国始于1929年的经济危机时期，经济不断恶化，失业者饱受饥寒之苦，他们在全美国四处流浪，昔日繁华的大街上出现了用旧铁皮、纸板和粗麻布搭起的棚户区，人们把这些棚户区叫作"胡佛村"。——译者注

乔在"岛屿"营地

经历，我现在的看法与此前不同。'生而贫贱'不是我现在要说的。但是，如果是在2010年，我一定会这么说。"

"有时我们从所发生的事情中获得智慧，有时我们则对所发生的事情感到愤怒，这一点我心知肚明。你可能会站在那里，手里拿着该死的喷漆罐，大脑中似乎有愤怒的声音在大声尖叫。最终，你在那张胶合板上写下了那几个字。心中的郁闷总要获得释放，这种事情屡见不鲜。"

2010年，乔处于他的人生低谷。由于生活中的一系列事件纠缠不清、无法解决，他不得不进了一家收容中心，就是我 1981 年第一次去萨克拉门托时报道过的那家。乔告诉我：
"2011 年，我进了慈善救助机构'美国志愿者'设立的一家戒
酒和戒毒中心。我在那里接受戒酒治疗，花了 5 年时间才戒
掉酒瘾。我的肝脏的情况非常糟糕。"最终，乔终于渡过了难
关。"那一段经历很自然地会带来精神创伤。"他说这句话时，
指的是现在，而不是 10 年前。他至今仍然会想象，躲到哪里
才安全。我在前文中提到，当前一天我们到访"蛇坑"营地
时，我们两人曾在防洪堤上行走。在那个过程中，他指着美
国河河岸的方向说："每当我看到那个地方，也就是那棵树那
里的时候，我的脑海中就会浮现出我当年住过的营地的情景。
我有严重的创伤后应激障碍。离开营地后，晚上睡觉时，我
会觉得好像自己整晚都在一个前后晃动的皮球当中一样。"

2016 年，在为非营利组织"饼和鱼"做了一段时间的义
务清洁工之后，乔被该组织聘用。他说："刚开始，我是兼职
看门人，然后是兼职街道监督员、全职街道监督员和'友谊
公园'（Friendship Park）助理主任。"后来，他拥有了现在
的头衔。他接着说："所以，在一定程度上，我担任宣传部
长有一定的优势。我不是我们这个组织的政策起草人，我的
优势在于经验。我知道很多人不知道的事情，而这是一种强
大的力量。老兄，当我们找到自己的强大力量时，我们要加

以利用。"

离开"岛屿"之后，乔开车送我回到"饼和鱼"设立的营地。那个我们无法看到的女人仍然在大喊："救命！救命！"我准备开车沿 5 号公路一路向南，向洛杉矶进发。上车之前，我再一次问乔，面对他预测的、新的无家可归浪潮，他们有什么对策。

"我们无法做出应对计划，"他说，"不过，如果只是为另外 500 人提供食物的话，我们有扩容能力。后勤工作包含许多方面，如资金和食品配送。但就'做饭'这类具体的事情而言，问题不大。"

"如果新来 2000 人或 3000 人呢？"我问道。

"没问题。"

"真的吗？"

"没有人会转身离开。"

格里菲斯公园 [①]

如果"大萧条"（Great Depression）使人们的脑海里涌现出棚户区（胡佛村）以及等待救济的难民队伍的景象，如果"大萧条"与企业倒闭以及居民无力还贷而导致的城市和居民区的空心化密不可分，那么，新型冠状病毒肺炎疫情将使我们面临什么样的情景？毋庸置疑，被从租赁房中驱逐的民众和无家可归者的数量将大幅上升，这将是当前这场危机的主要表现之一。新一轮无家可归的浪潮即将出现，而这种系统性的无家可归问题在洛杉矶已经由来已久。正是这样的危机，要求我们充分考虑住房公平。

---

① 格里菲斯公园（Griffith Park）是洛杉矶最大的公园，加利福尼亚州第二大都市公园，也是北美洲最大的都市公园之一。——译者注

在加利福尼亚大学从事黑人文化研究的学者克莱德·伍兹（Clyde Woods）的激励下，我们拒绝成为"学术验尸官"，拒绝把我们的研究成果只用于"验尸"或"社会分类"[①]……

摘自研究报告《即将到来的驱逐浪潮：洛杉矶面临的房客驱逐和无家可归问题》（*UD Day: Impending Evictions and Homelessness in Los Angeles*）的前言部分。该报告由加利福尼亚大学洛杉矶分校"洛斯金（Luskin）不平等和民主研究所"于 2020 年 5 月 28 日发布。

我与加里·布拉西（Gary Blasi）如约见面，地点是格里菲斯公园内一个陡坡上面的凉亭，而那个陡坡就在他家的后面。见面时，我戴着纯蓝色的医用口罩，而他的口罩是他的一个朋友做的，很有特色，因为从口罩上可以了解他的家庭故事：在"黑色风暴事件"时期，加里的父母生活在俄克拉何马州（Oklahoma），但是他们属于赤贫阶层，连成为流动雇

[①] 社会分类（social triage）这一概念的意思是，官僚决策者发现与某些群体合作效率低下，因而这些决策者牺牲这些群体的需求，以便其他群体获得服务。——译者注

农的资格都没有。当时，如果一家人要从俄克拉何马州逃往加利福尼亚州，需要有一辆汽车，而他们家没有。在"大萧条"时期，有一年，他们家全年的现金总收入竟然仅有区区7美元。加里说："我们一家人能够活下来，完全依靠我的祖父。他是一位巡回牧师，骑马到那些小农场传经布道，每次的传经布道活动结束之后，人们通常给他一只鸡作为酬谢。"加里的父亲后来在堪萨斯州（Kansas）的利伯勒尔（Liberal）找到了

加里

一份蓝领工人的工作，加里就是在那里长大的。在加里佩戴的口罩上，有俄克拉何马州、堪萨斯州和加利福尼亚州洛杉矶的图案。加里说："所以，我的一生都显示在这只口罩上面。"

加里是加利福尼亚大学洛杉矶分校法学院的退休教授，还是公共利益法的权威人士。他的个人成长故事，或许可以解释他为什么十分关心工人阶级，以及为什么花一个月的时间分析数据并推出上述报告。这份在两周前发布的报告预计，美国难民营的规模将创历史纪录。如果不是建立在冷冰冰的数字之上，这份报告恐怕有点过于耸人听闻。报告预计了下岗员工花光补助金（如果有的话）、无力支付房租之后，将有多少家庭和民众被从租赁的房屋中驱逐。该报告预计，一旦加利福尼亚州司法委员会（Judicial Council of California）解除2020年4月做出的暂停驱逐无力支付房租的房客的禁令，大量房东就会启动强制驱逐房客的简易法律流程，进而引发驱逐房客的浪潮。从目前来看，暂停驱逐房客的禁令可能在任何时间被解除。加里预计，解禁时间在2020年年底之前。因此，危机随时可能暴发。根据该报告的预计，被驱逐的家庭数量和人数非常可怕，在最严重的情况下，"未来几个月，洛杉矶县大约将有12万个家庭无家可归，其中包含18.4万名儿童，至少在一段时间内如此。"在最理想的情况下，预计将有

"3.6 万家庭被驱逐，其中包括 5.6 万名儿童"。换句话说，该报告预计将有 10 万至 40 万人流离失所，其中一部分人将涌入加利福尼亚州各地的"蛇坑"。数据显示，在洛杉矶县，租赁房占住房总量的 54.2%，"在美国所有大都会地区中，该比例位居第二"，仅次于纽约市。然而，根据美国住房和城市发展部发布的数据，纽约只有 5% 的无家可归者没有安身之处，而洛杉矶高达 75%。这是因为，纽约保证提供临时住所，但洛杉矶没有这方面的保障。

加利福尼亚州由于房价高昂，受到的打击将尤其突出。根据这份由住房权利倡议者和学术人士共同发布的报告，加利福尼亚州有 410 万至 540 万居民面临被从房屋中驱逐的风险。紧随其后的是纽约州，有 280 万至 330 万人面临这种风险。在得克萨斯州（Texas）和佛罗里达州（Florida），面临此种风险的人数范围分别为 260 万至 380 万人和 190 万至 250 万人。

加里表示，他在处理数据时小心谨慎。他的数据来源于多个渠道，其中包括美国劳工统计局（U.S Bureau of Labor Statistics）、美国人口调查局（U.S. Census Bureau）以及洛杉矶无家可归者服务管理局（Los Angeles Homeless Services Authority）等。"鉴于这个原因，预计即将到来的驱逐浪潮和无家可归浪潮的规模，很可能会被低估。"他在报告中写道。
例如，在 5 月初，大约 59.9 万洛杉矶县的失业者没有获得失业保险金或其他收入，其中包括没有移民身份的失业者。即使国会批准一些经济支持措施，那些没有移民身份的人也无法获益。"大约 44.9 万失业者和无收入来源者居住在 36.5 万套出租公寓内，长期负担着美国城市地区第二高的房租，"加里写道，"面临被驱逐风险的人群，主要居住在低收入、有色人种占比较高的社区和街区。"

　　该报告中还有更多的数据，但从上述数据中，你已经可以了解到问题的严重性。该报告质疑了联邦、州和地方三级政府阻止大规模无家可归浪潮的能力。加里在报告中表示："政府的最后手段，恐怕也只是建立政府管理的营地，尤其是难民营地，让众多的无家可归者在帐篷内临时安身。遗憾的是，这些营地将不是用于安置由于战争或自然灾害而产生的难民，而是用于安置由于历史上罕见的经济和政治灾难而流离失所的人们。"

　　总而言之，加里认为，一旦加利福尼亚州司法委员会解除禁止驱逐房客的禁令，就会出现大量驱逐房客的诉讼，进而导致驱逐浪潮。用他的话说就是："那条禁令就像一座大坝，暂时阻挡了强制驱逐的洪水。然而，这座大坝很快就要崩溃了。"

上述内容，是加里在那座凉亭里告诉我的。他已经去世的妻子姬特（Kit），把那座凉亭命名为"茶屋"。加里还解释了取这个名字的原因："我们喜欢上了日本茶室，并且我还参加了一个古典茶室设计的业余课程。"在凉亭周围，是一个生长着全球多种植物的植物园，这样的植物园只有在加利福尼亚州南部才能够看到，其中的植物包括：加那利群岛（Canary Island）棕榈、旅人蕉、日本枫树、杜鹃花、绿竹、佛肚竹、丝兰、龙舌兰、红刺柏、野生鸢尾以及新西兰亚麻。幽静的环境与我们对未来将要发生什么的讨论形成了强烈的反差。在加里看来，将要发生的灾难性事件相当于8级地震。

加里说："建立难民营的速度应该比较快，因为美国联邦应急管理署（FEMA）有应对灾难性住房事件的计划。我的意思是，发生大型灾难性住房事件之后，他们应该做这些工作，对吧？事实上，我们将要面临的就是大型灾难性住房事件。其实，就导致的流离失所的人数而言，这次事件最为严重。"

1983年，加里开始为无家可归者提供帮助。当时，萨克拉门托出现了第一次无家可归浪潮，洛杉矶的无家可归者的数量也同时暴增。在那个时候，他为洛杉矶法律协助基金会（LAFLA）代理了大量的驱逐案件，还与其他人一起共同成立了该基金的驱逐防护中心。根据他的观察，无家可归的问题日益严重。由于房租的上涨速度远超收入增长的速度，美国联邦住房抵押贷款公司公布的数据显示，如果按照居民收入中位数进行比较，洛杉矶租房市场的价格在全美国位居第三。显而易见，当房价超出人们的购房能力时，无家可归者的数量就会增加。

加里说："我想，美国联邦住房抵押贷款公司表达的观点是，洛杉矶县和洛杉矶市政府应当为无家可归者大幅增加做好准备，不能心存侥幸，认为只是小幅度增加。其实，在新型冠状病毒肺炎疫情暴发前，洛杉矶的住房危机已经持续多年。但是，这一次不是量变，而是质变，是从'可怕'到'大灾难'。"

加利福尼亚州参议院提出了一项 100 亿美元的议案。如果获得通过，该议案将授权房东和房客签订分期支付房租的协议，允许房客在 2024—2034 年向政府申请减免此前的未付房租。作为对房东的补偿，房东将免交与未收租金等值的税款。加里表示："这项编号为 SB1410 的议案从本质上说是为房东纾困的议案，其前景面临不确定性。洛杉矶的住房权利倡议者关注的是 AB1436 议案。该议案如果获得通过，就会禁止在疫情期间驱逐欠费房客，并给房客一年的时间缓交房租。

更重要的是，在发生驱逐纠纷时，租户的反应时间从 5 天延长至 30 天。"

然而，如果房客失业，就无钱支付房租，因而这些议案对这些人来说毫无意义。因此，现在的问题是多少人将失去工作，以及失业状态会持续多久。可以确定的是，有些工作岗位再也不会回来了，或者人们继续做与原来同样的工作，收入却减少。加里表示，对于支付不起每个月 2000 美元至 3000 美元房租的人们而言，将出现连锁效应。他们会寻找租金更低的地方，进而导致原本在那里居住的人们无家可归，而他们自己会被有更多资源的人所取代。所以，这是一种挤压，最终把底层民众挤压出去。

加里认为，这一问题或许能够在全国的层面上得以解决，前提是美联储、总统和国会有解决问题的愿望。这是因为有上万亿的资金集中在华尔街和对冲基金公司。他说："这只是意愿和金钱的问题，而实际上金钱的问题很容易解决，因为美联储可以进行补充。况且，美联储官员曾经说过，如果有必要，印多少钞票都可以。但是，他们只愿意为股票市场的上涨而印制钞票。"

我拿出手机，让加里看了那张涂鸦照片。作为回应，他谈及了当天上午洛杉矶无家可归者服务管理局发布的 "2020

年大洛杉矶地区无家可归者人口统计报告"，他对该报告进行了驳斥，并表达了对"生而贫贱"的看法。

加里说："发布这份报告的人们告诉我们，黑人中的无家可归现象是白人的 4 倍。这一数字是错的，正确的数字是 11 倍。我的理由是，报告没有使用正确的衡量标准，正确的标准是比值比 [①]（odds ratio）。在洛杉矶县，如果随机选择一个白人，那么他的无家可归概率是 1 比 457。如果是黑人，概率是 1 比 44。要理解为什么会出现这种现象，你并不需要有博士学位或者其他高学历。这是因为对大量的美国人来说，美国黑人'生而贫贱'只不过是非常直白的经验性描述，他们通过观察和实验即可得出这样的结论。他们的贫贱状态从出生前就已经开始，并持续一生。许多发生在人们身上的事情看似随机，实则不然。在每个层面，那些事情给一部分人制造障碍，同时却给另外一部分人提供便利。"

后记：加利福尼亚州司法委员会解除了暂停驱逐房客的禁令，生效日期为 9 月 1 日。加里给我打电话，告诉我："按照目前的趋势发展下去，加利福尼亚州将出现美国历史

---

① 比值比（odds ratio）又称优势比，用以衡量一个特定群体中，属性 A 的出现与否和属性 B 的出现与否的关联性大小。——译者注

上最大规模的驱逐浪潮。"他立即投入工作，与志同道合的人们共同抗争。他的合作伙伴包括法律援助律师、房客代表、软件工程师以及美国首个债务人联盟"债务集合"（Debt Collective）的两位联合创始人。该联盟是在"占领华尔街"（Occupy Wall Street）运动失败后，由一批金融积极分子建立起来的非营利组织。他们曾呼吁美国教育部打击过于追求经济利益的高校，取消学生债务，还举行了要求减免债务的游行等多种抗议活动。加里及其团队成员还设立网站，帮助房客采用电子文件的方式在政府规定的 5 天时间内对驱逐案件进行回复。他们还招募志愿者，为房客提供法律指导，并组织律师免费代理房客的案件。他还告诉我："下一步，我们将要求陪审团参与审判。此前，由于没有陪审团参与法庭审理，房客总是输掉官司。法庭在审理有陪审团参与的案件时，需要花费更多时间，这样的话，房客就会有更多的时间准备他们的官司。"由于新型冠状病毒肺炎疫情暴发，洛杉矶暂停了陪审团参与法庭审理，这种状况至少要持续到 2021 年 1 月。我与加里通电话不久，上文提及的加利福尼亚州参议院的两项议案均告失败，最后只不过是把禁止驱逐房客的禁令延长至 2021 年年初。后来，特朗普政府以及美国疾控中心（CDC）做出决定，对于年收入不足 9.9 万美元的人士，禁止驱逐房客的禁令将延长至 2021 年 1 月 1 日。然而，这些措施都不是解决危机的根本办法，这些只是推迟危机到来的权宜之计。

洛杉矶一个供女性无家可归者过夜的停车场

希望淋浴

　　在黑色的滚轮栅栏门和红砖高墙的后面，隐匿着一个停车场。在泛光灯的照射下，墙头上带刺的铁丝网闪着幽光。不远处的金融街区，摩天大楼若隐若现，仿佛是借助科幻小说家菲利普·K.迪克（Philip K. Dick）、小说家威廉·戈尔丁（William Golding）、科幻小说家弗兰克·赫伯特（Frank Herbert）以及小说家玛格丽特·阿特伍德（Margaret Atwood）等人的天赋，共同为某部电影营造反乌托邦背景。美国西海岸第一高楼、1100英尺高的威尔希尔大厦（Wilshire Grand Tower）就在不远处。大厦的顶部看起来像一个船帆，笼罩在青绿色的灯光之中。这种风格与亚洲城市的摩天大楼类似。威尔希尔大厦投资12亿美元，于2017年建成。在电影之都洛杉矶，威尔希尔大厦在2020年当然是真实的存在。这个藏身于背街小巷之间的停车场又何尝不是如此。这个停车场属于一个名为"希望终点"（Destination of Hope）的项目，女性无家可归者晚上可以在这里停车并在车内过夜。

艾达（Aida）的小型越野车就停在这里。她的个人物品把汽车塞得满满当当，一直堆到车顶。她告诉我，她有工作，是外卖公司 DoorDash 的送货司机。每个无家可归者似乎都有错综复杂的往事，艾达也不例外。她给我讲述了她的故事。在故事的结尾，她提到了一个廉租房候选人的名单。她告诉我，她在那个名单上已经有好几年了，本来排名靠前，但不知什么原因，她的排名最后却滑落下来。她说："我现在又一次排在末尾的位置。我无法理解，我怎么又排到这里了？"

后来，她就躺到汽车后座上面睡觉去了。"希望终点"是个安全停车的项目，有多个停车场，但这个停车场只接收女性。该项目由一家名为"希望淋浴"（Shower of Hope）的非营利组织运营。如同"饼和鱼"一样，"希望淋浴"也是一家提供社会服务的非政府组织，它同样面临资金短缺的问题。"希望淋浴"成立于 2000 年，联合创始人之一是目前担任执行董事的梅尔·蒂拉克拉特纳（Mel Tillekeratne）。梅尔在斯里兰卡（Sri Lanka）出生和长大，2003 年来到洛杉矶时，他对贫民区的状况极为震惊。虽然他的祖国斯里兰卡并不富裕，但贫困程度也没有达到那个程度。于是，他启动了一个街头救助项目，每周有 5 个晚上为无家可归者提供食物。2016 年，"希望淋浴"开始为无家可归者提供淋浴服务。起初，他们只有一个流动淋浴设施，目前已经扩大到 20 个服务点，每个月提供 2000 人次的淋浴服务。

我是在黑漆漆的停车场的中央见到梅尔的，他当时正在打电话。挂断电话之后，梅尔告诉我，自新型冠状病毒肺炎疫情暴发以来，把车停到安全停车场并在车内过夜的无家可归者，已经减少了很多，原因是洛杉矶县的卫生部门颁布了与萨克拉门托县类似的指令，要求尽量让无家可归者留在原地。因此，无家可归者目前可以把车停在距离工作地点不远的地方，就近在车内过夜，不再担心被警察驱赶。所以，他们就没有必要去安全停车场过夜了。对许多在车内住宿的无家可归者来说，就业并不是问题，因为他们当中的许多人有工作。他们面临的真正问题是挣足够的钱，然后去租房。在推出疫苗和获得群体免疫之前，这场危机不会结束。事实上，从某种程度上来说，危机可能才刚刚开始。梅尔预计，将有更多的、新的无家可归者涌入他的淋浴场所和停车场。

"从加里发布的报告来看，我们都知道，巨大的无家可归浪潮即将来临。"梅尔说道。此前，那份报告一出来，他就立即研读了一番。"洛杉矶县、加利福尼亚州和整个美国不得不面对的问题是，如何尽快让尽可能多的人重新获得住房？"

我们边走边谈时，突然听到一声巨响，有点像枪声，距离很近。究竟是枪声还是爆竹声呢？梅尔并不在意，没有丝毫的畏缩。他接着说："大量多年来一直处于就业状态的人们将会失业，突然变成无家可归者。我们应该采取什么样的对策呢？第一，让他们重新在住房内安身。第二，如果我们希望真正解决无家可归问题，我们必须研究，如何让他们重新就业。这是疫情后面临的重大问题。"显然，梅尔谈论的不仅仅是这场马上就要到来的危机，还有从目前算起 6 个月至 1 年以后的危机。这表明，对于永久性失业，梅尔有一套多米诺理论。

"大多数公司都在向居家办公转变。"梅尔说。这意味着很多写字楼将空无一人。许多公司将会意识到，通过减少租赁面积，可以节省开支。他补充说："如果你的公司有 100 人居家办公，你就可以减少 5 个清洁工，3 个或 4 个自助餐厅服务人员和 2 个保安。这样的话，大量的工作岗位将会消失。"那些消失的工作岗位恐怕永远不会再回来了。我们还谈论了其他将会丢掉工作的人员，其中包括小饭店的服务员以及写字楼周围倒闭的咖啡店的服务员。

另外一件令人忧虑的事情是：华尔街的投资公司会乘虚

而入，购买被拍卖的房产。梅尔对此提出疑问："我们应该怎样看待这个问题？如何确保大公司不会乘机收购被拍卖的房产，然后出租牟利？"

多年以来，联邦政府、州政府和当地政府一直忽略大量的政策问题。梅尔不禁问道："住房严重短缺、房地产泡沫以及房价过高的问题已经持续很长时间，我们将如何解决住房问题？新型冠状病毒肺炎疫情过后会出现什么状况？当不良房产大量涌入时，我们有什么措施？有什么办法帮助人们保住房产？"

我问道："'希望淋浴'项目难道不起作用吗？"

梅尔回答说："事实上，如果你研究一下流动淋浴设施和安全停车场等这样的项目，你就会认识到，我们的项目无法解决无家可归问题。我们所做的，只是给无家可归者提供保持健康的重要资源，尤其是在疫情期间。然而，这些项目不是无家可归问题的永久解决手段。我们这个非营利组织其实只是个管理系统，目的是帮助减轻无家可归者的精神创伤。"

我让梅尔看了我在沙漠地区那座被废弃的加油站拍摄的照片。

看过之后，梅尔说道："在安置无家可归者时，最困难的是什么？是他们已经放弃。是的，事情就是这么奇怪。我们之所以把我们的项目称为'希望淋浴'，唯一的原因是，无家可归者在淋浴之后会感到非常高兴。当他们洗过淋浴后，心情就会好很多，人们的心态就是这么奇妙。假如你有一段时间没有刮脸，然后有人给你提供了刮脸和洗澡的地方。这时，你就会回忆起以前的生活。这对那些以前生活还不错的人们来说，当然是个好事情。不过，如果你谈论的是那些'生而贫贱'的人们，他们能抱有什么希望？现在，解决危机的希望是那些对系统性的种族主义已经觉醒的人们。他们愿意同种族主义作斗争，决心将其撕得粉碎。他们希望推翻不合理的社会系统，解决不合理的问题。所以，我知道这个国家目前正在发生什么，有些人正在采取行动。那天，我在日落大道（Sunset）看到人们举行'黑人的命也是命'（BLM）的游行抗议活动，参加游行的人来自不同的种族。游行的宗旨很有意义，我被深深吸引。现在的游行抗议活动已经与以往不同。我参加过许多抗议活动，我发现，许多新面孔出现在这些抗议活动中。"

梅尔承认，他以前会根据白人的衣着，对他们形成模式化的看法，但他现在已经改变了这种做法。他说，在日落大道，他看到不同背景的白人参加抗议活动。"最贫穷的白人和最富裕的白人都有。"看到背景迥异的白人与非洲裔美国人以及其他有色人种一起参加游行抗议活动，他深受鼓舞。他说："他们对发生在乔治·弗洛伊德（George Floyd）身上的不公平事件异常愤怒。他们愤怒地说道：'哼！这个制度必须改变！'"

2018 年的夏季，我曾在我认识的一个导演家里留宿，在他家客厅的沙发上睡了一周。他家所在的街区就在日落大道附近，距离标志性的马尔蒙庄园酒店（Chateau Marmont）以及安拉花园酒店（Garden of Allah）的原址很近。安拉花园酒店富有传奇色彩，著名编剧詹姆斯·艾吉（James Agee）和奥尔德斯·赫胥黎（Aldous Huxley）以及其他有影响的人物曾在那里撰写剧本。那名导演和我挑灯夜战，希望把《无处可去的旅程》这本书改编成电影剧本。这已经是多年来个人或电影公司第六次做这种尝试了，其中 HBO 电视网进行了 8 年的努力。然而，与前几次尝试一样，我和那位导演似乎注定要失败。一天晚上，我们决定放松一下，就开车去一家饭店吃饭。在回来的路上，当我们在西好莱坞大街（West Hollywood Boulevard）行驶的时候，发现前面是一辆 1966 年版的乳黄色凯迪拉克威乐（Ville）型轿车，它的前面是一辆平板卡车，上面是摄制组的人员，还有一个安装着摄像机的吊杆。坐在凯迪拉克轿车里面的是影星布拉德·皮特（Brad Pitt）和莱昂纳多·迪卡普里奥（Leonardo DiCaprio）。他们正在拍摄著名导演昆汀·塔伦蒂诺（Quentin Tarantino）执导的电影《好莱坞往事》（*Once Upon A Time in Hollywood*）中的一个片段。我突然想起 32 年前我坐着轿车在这条大街上行驶的情景。我那时乘坐的是一辆 1967 年生产的福特银河系 500 型（Galaxie 500）轿车，与前面这辆布拉德所驾驶的凯迪拉克威乐型轿车的生产年代差不多。那时的西好莱坞大街很破旧，其外观后来也没有太大的变化，与昆汀选择的电影背景相差不大。

从 2018 年向前推 32 年，是 1986 年。那年秋天，受报社的派遣，我开车从萨克拉门托来到洛杉矶。我花了一周的时间寻找一位居无定所的人，以便报道加利福尼亚州的饥饿问题。开始寻找合适的对象几天后，我在一个施食处看到了韦恩（Wayne）。我立刻得出判断，他是一个被社会抛弃的人。在他取食物的时候，我趁机和他攀谈。一个小时后，我就坐在了他的那辆 1967 年生产的福特银河系 500 型轿车的副驾驶位置，沿着西好莱坞大街向西行驶。仪表盘的上方，放着一卷拳头大的面包。当他遇到红灯刹车时，面包向前滚动，撞到了挡风玻璃上。他向前望去，夜幕下的好莱坞，霓虹灯闪烁的灯光在行人的脸上跳来跳去。在睡觉前，他会吃掉面包。轿车的后座上，是他的一些个人物品，包括罩着透明塑料布的两套西装，一双铮亮的黑色翼尖皮鞋，还有一幅他此前挂在休斯敦（Houston）家里的画。

韦恩很孤独，因此，当我请他带着我看一下他晚上过夜的地方时，他很高兴。他停车和睡觉的地方遍及洛杉矶的大街小巷里几个相对固定的地方。但是，为了躲避警察，他每天都会轮换地点。

我记录和保存了太多这样令人沮丧的故事。其实，我的整个一生都在做这样的事情。但我仍然把韦恩的故事保存在一个盒子里面。纸张已经发黄，很难想象，我写下这些文字之后，34 年已经过去了。我当时是这样写的：

> 他的故事在新的无家可归者当中很典型。他此前一直有工作，在得克萨斯时，他是个运送急件的司机，主要给客户运送急需的石油机械配件。他当时的工作很忙，经常两天不睡觉。经济萧条打击了石油产业，他也丢掉了工作和公寓。于是，他来到这里。他预计，在找工作期间，手头的现金能够支付公寓租金。

"在休斯敦，250 美元就可以租一套公寓，"他告诉我，

"我是说位置很好的公寓。在这里，我去看了一个比老鼠洞还要糟糕的公寓，他们要价 850 美元，还要求一次支付三个月的租金。"

他的错误在于，在他还有一些钱的时候没有尽早离开。现在，该做的事情似乎都做了。他把几十张从报纸上剪下来的招聘广告贴在汽车仪表盘上方，每天出去找工作。来到洛杉矶之初，他居住在一家按周收取房费的宾馆里，直到口袋里的钱所剩无几。秋天到来之前，他开始睡在车里。现在，他身上仅有 7 美元现金。

"每周，你都会说：'我不会再下滑一英寸① 了。'但后来发生了什么呢？下一周，你又滑下去一英寸。"

每天，他的早晨通常从圣莫尼卡（Santa Monica）施食处开始，在那里吃他一天当中的正餐，也就是一碗油腻的汤。在他刚来到洛杉矶的那几个月，他

---

① 1 英寸约等于 2.54 厘米。——译者注

是拒绝在施食处就餐的。

"我希望我能在更早的时候就吃这样的食物。要承认现在过着如此不堪的生活，简直太困难了。曾经的中产阶级人士，很难接受自己如此落魄。相对于居住需求而言，我还有其他更迫切的需求，买得起食物就是其中之一。现在，我中午在施食处拿一个三明治，省下来晚上吃，这可不是人过的日子。然而，这块面包，即使外壳已经发硬，但仍然是好东西，因为在半夜饥肠辘辘的时候，它能填饱你的肚子。"

按照约定，我与韦恩在另外一天见面，并在他找工作的时候跟随着他。这么做的一部分原因是，我想证实他确实在努力。此外，我还想亲眼看看别人是怎么对待他的。由于报纸的版面有限，我的文章不可能把他求职的地方全部列出来。然而，我确实在他进入七八家快餐店找工作的时候也跟了进去。当他和经理交谈时，我就假装在排队买食物。他表现得很聪明、利索，衣着也很干净。

韦恩驾驶着他的底特律（Detroit）制造的"房车"开始了寻找工作的一天。过了一段时间，他看到一家熟食店的窗户上写着"招工"两个字。

"嘿！朝那看。我希望在那种地方工作，面积不大，可以和人打交道。"

他发现，老板希望招一个兼职女服务员。他运气不佳。

"最近两周，我去了8~10家快餐店寻找工作。即使是支付最低工资，他们也不愿意聘用一个43岁的人。你看看我的样子，头发开始变得灰白，日渐秃顶。这非常令人沮丧。有谁会聘用我呢？"

比年龄偏见更严重的问题，是他没有真正的家庭住址。有两次，他很有希望得到工作，最后却失去了机会，原因是老板在审核的时候，发现他登记的地址是一家无家可归者照料中心。如果你是一名无家可归者，人们就会对你有偏见。

"无论你相信与否，尽管这部车是一辆有19年历史的老爷车，车身有多处划痕，内部残破不堪，但它对我来说仍然是巨大的福祉。"一段长时间的沉默后，他说道："这部车已经行驶了 152 300 英里了，为我遮风挡雨、驱冷避寒、躲避抢劫犯。我不能没有这部车。然而，我很可能付不起油钱。"

如果没有那部车，他根本没有找到工作的希望。他甚至考虑，将不得不用虹吸管偷油。他有些难为情，但也许那将是他唯一的选择。

"这可不像乘坐装有干草的大车出游一样惬意。我只是想活下去。"

韦恩把我带到海滩附近威尼斯（Venice）街区的一条小巷里面。他已经完全破产，身无分文。

"这里黑暗、寂静，是个完美的地方。我不想让别人看到我并报警。我保持低调，每天刮脸，注意个人卫生。我不把自己看作流浪汉。我习惯于通过工作去挣钱，我过去就是那么做的。那是我过去的时光，我现在面对的是新的现实。"

由于还要报道中央山谷地区的饥饿情况，我驱车离开了洛杉矶。两周后，我又返回了这座城市。由于韦恩此前曾带我去看了他喜欢晚上过夜的六七个地方，因此，一天晚上，我开车去寻找他。最终，我找到了他那辆福特银河系 500 型轿车。我走了过去，敲了敲车窗。他告诉我，前一周，他一生中第一次卖血。当他打开后备厢取东西时，我看到了一个橡皮管。他的汽车的油箱中有油。

他拒绝告诉我，他是怎么弄到油的。

韦恩的故事发生在多年前，我之所以讲这个故事，有三个原因。第一个原因是我多年来遇到了数以百计的、与韦恩过着类似生活的人。沉浸在他们的生活之中，使我经历了太多的创伤后应激障碍。这种经历很痛苦，因此我不愿意向鲁迪和克里斯蒂娜要他们的电话号码，然后花几天时间去记录他们居无定所、在垃圾箱中翻找值钱物品的生活。第二个原因是这样的故事并没有变化，只是时代不同。韦恩尽力活下去的故事，与那些因为疫情而居无定所的人们的故事没有丝毫差异。第三个原因是在当权者当中，没有人关注这件事情，没有人愿意努力改变无家可归者的生活状态。无论无家可归者是 20 世纪 80 年代的韦恩们，还是 21 世纪 20 年代的鲁迪们和克里斯蒂娜们，他们的故事就如同低级酒吧里面的点唱机播放的歌曲，根本没有人听。

与梅尔告别并离开金融区高楼大厦的霓虹灯光之后，我消失在洛杉矶的夜幕之中。我驾车向圣莫尼卡市（Santa

Monica）的方向驶去，然后向北上了太平洋滨海公路（Pacific Coast Highway）。当时已经是晚上 11 点多了。我此前知道许多人在这条公路边上过夜。不出所料，当我转弯向马里布市（Malibu）驶去时，停靠在公路西侧、位于大陆边缘的停车带上的轿车、小货车和野营车便映入眼帘。总共应该有几十辆车，但我无法精确统计。我把车停下来，观察对面的一辆野营车。野营车后面还有几辆轿车，窗户被遮阳板和衣服遮挡，说明里面有人居住。其中一辆车的外面，还有一些人来回走动。整个公路笼罩在太平洋吹过来的雾气之中。我没有跨过公路去和他们交谈，而是一踩油门，继续向前驶去。

内华达 – 亚利桑那

NEVADA-ARIZONA

第三部分

赈济美国

美国最大的"食品银行"（Food Bank）成立于 1979 年，当时的名称为"二次收获"（Second Harvest）。起步时，这家为穷人提供免费食品的民间组织只有一个租赁来的仓库。成立的第一年，它就发放了 390 万磅[①] 的食品。当我作为报社记者对一项"消除饥饿计划"进行调查，并在 1987 年初刊出相关报道的时候，该组织一年发放的食品数量已经达到 1 亿磅。1990 年，该组织的食品发放数量达到 4.76 亿磅。2000 年之前，该组织的食品发放数量达到 10 亿磅。同年，我为《乔治杂志》（George Magazine）撰写了《这名美国人饥饿难耐》（This American is Hungry）的文章，整整用了 13 页的版面报道了一个关注儿童饥饿问题的项目。当时，五分之一的美国

---

① 1 磅约等于 0.45 千克。——译者注

儿童生活在食品缺乏保障的家庭中。在上述两个项目中，"二次收获"起到了关键作用。该组织的全国总部和地方分支机构积极努力，帮助人们认识到食品短缺的问题。当时，我们位于加利福尼亚州的报社，是一个由 30 名记者，若干名摄影师、编辑和其他人员组成的团队，其中有 2 名主要成员，我就是其中之一。我们花了 6 个月的时间推出了关于饥饿问题的系列报道，其中包括韦恩的故事以及他的福特银河系 500 型轿车。后来，加利福尼亚州立法机构在讨论增加最低工资的议案时，引用了我们的数据，最终把每小时最低工资提高了近一美元。"二次收获"在这些项目上给予我的帮助是两种要素的经典结合。一个要素是非营利组织希望缓解饥饿问题，提高公众对这一问题的认识；另一个要素是公共利益新闻运动（public interest journalism）。

"二次收获"目前已经改名为"赈济美国"（Feeding America）。

"赈济美国"在其网站上表示："由于新型冠状病毒肺炎疫情的影响，预计 2020 年将有超过 5400 万美国人面临食品短缺的问题，其中包括 1800 万儿童。"目前，该组织共有 200 家"食品银行"和 60 000 个食品分发站。疫情暴发前，七分之一的美国人接受该组织的帮助。疫情暴发后（2020 年 4

月），在该组织位于拉斯维加斯（Las Vegas）的"三餐食品银行"①（Three Square Food Bank）的一个食品分发点附近，排队的汽车有时候长达4英里，这一景象被媒体拍摄了照片并广泛报道。

我给"三餐食品银行"发送了邮件，请求进行采访。随后，我得到了KC·卡彭（KC Kappen）的回复。卡彭是一位资深的公共关系专家，就职于一家公共关系和营销公司。根据拉斯维加斯商会的介绍，该公司是一家提供全方位公共关系和营销服务的公司，擅长的领域包括医疗健康、奢侈品、旅行和旅游、建筑和开发以及社交媒体。卡彭建议我们通过电话进行交谈。

在电话中，卡彭告诉我：你希望报道此事。很明显，多年来你一直关注这样的事情。拉斯维加斯是经济报道的重点地区，而"食品银行"是经济状况的指标。我想告诉你最近几周的一些背景知识，

---

① 该名称或来源于"丰盛和营养均衡的三餐"（three squares）。据称，用"three square meals"或"three squares"表示三餐，是因为早期海员就餐时使用方形餐盘（square plate），但也有专家指出，此种说法并无根据。——译者注

那就是，我们近期收到了一大批媒体采访的请求。

卡彭表示，"三餐食品银行"接受了美国有线电视新闻网（CNN）和英国广播公司（BBC）的采访。得到的教训是，摄影或摄像采访会吓退一些需要帮助的人，因为他们会觉得尴尬。他还说："由于这个原因，我们拒绝了许多媒体的采访，如果这个道理讲得通的话。"

这对我来说讲不通。我告诉卡彭："我没有摄影或摄像团队，我就一个人。"

卡彭说："我们目前已经拒绝了四个类似的采访请求，我只是想让你有恰当的预期。我将和有关人员一起讨论这一问题并向上汇报，然后决定是否接受你的采访，以及有关人员怎么处理这个事情。我知道，你想进行现场采访，与人们交谈，并用自己的相机拍摄照片。"

"我不带相机。"

"不带相机，仅仅谈话？"

"是的。"

"好的。我们一直是向媒体通报信息的。我们将安排拉里（Larry）接受你的采访，以便让你了解他的观点。不过，我们有一些照片可以与你分享。那些照片是在事情还不是太敏感的时候拍摄的。"

"我对照片不感兴趣。"

不到半个小时，我就收到了邮件。卡彭通知我："目前，餐饮分发场所仍然不对媒体开放。"

卡彭在邮件中再次表示，可以给我提供一些以前拍摄的照片，但是我拒绝了。

弗拉格斯塔夫的偏执狂

随着科技的进步，社交变得更加便利。然而，短信和电子邮件的效果与面对面互动不同。幸运的是，在当今时代，我们有许多视频聊天和会议软件平台，其中包括FaceTime①、Zoom和Skype②。通过这些平台，人们还可以借助面部表情和身体语言来表达思想和情感。我鼓励大家使用这些平台。虽然我们在疫情期间应当保持6英尺的社交距离，但我们仍然需要进行社交活动。请记住，许多居住在桃花泉镇（Peach Springs）的老人，家里仍然使用固定

---

① FaceTime是苹果公司产品内置的一款视频通话软件，通过Wi-Fi或者蜂窝数据接入互联网，在两个装有FaceTime的设备之间实现视频通话。——译者注

② Skype是一款即时通信软件，具有视频聊天、多人语音会议、多人聊天、传送文件、文字聊天等功能。——译者注

电话。因此，只要打个电话，就能问候他们。我希望大家记住，要经常和他们联系。大家要保持安全、健康和自律，但更重要的是，要保持联系。以上信息来自印第安人华莱派部落（Hualapai Tribal）教育和健康署。

以上是 KWLP 电台 FM100.9 频道播出的公共服务通告的部分内容。该电台隶属于华莱派部落的保留地，位于亚利桑那州桃花泉镇。我是驾车沿着 66 号公路在附近经过时，听到上述信息的。

……我们有 15 种食品的价格均低于 1 美元……墨西哥煎饼、饮料和甜点，最低仅售 69 美分，在全世界最划算。请品尝我们最新推出的 1 美元产品，包括用新鲜烤鸡肉做的鸡肉玉米煎饼和刚刚上市的 3 层芝士玉米饼。还有最新推出的塔克饼 1 美元套餐。最多的选择！最新的套餐！最低的价格！这样的价格与免费领取相差无几！（沉默）只需 4 美元，您就可以得到两份冰雪皇后（DQ）超级套餐。哇！可以随意搭配和组合，比如把最近推出的柠檬汁新品与辣味热狗进行搭配。喔！芝士汉堡炸薯条。什么！

冰雪皇后 4 美元超级套餐。两份只要 4 美元。冰雪

皇后，快乐的味道超级爽！

以上是我驾车经过亚利桑那州弗拉格斯塔夫市

（Flagstaff）时，在 KMGN 电台 FM93.9 频道听到的广告。

在我驾车向东穿越索诺拉沙漠（Sonoran Desert）北部时，

我没有走州际公路，而是驶入亚利桑那州和科罗拉多高原，

绕过了拉斯维加斯。在亚利桑那州的金曼镇（Kingman），我

进行了一个"救援行动"，试图找到一名记者。那名记者几年

前曾给我发来了一封电子邮件，邮件主题为：记者，询问无

家可归问题。在邮件中，他对我参与撰写《无处可去的旅程》

这本书表示感谢，这是因为在丢掉了在报社的工作之后，他

本人成了与书中描写的人物类似的人。他骑摩托车来的西部，

最后在位于金曼镇的非营利组织"基石使命"（Cornerstone

Mission）找到了一份临时性的工作。他在给我的邮件中写道：

"我目前是一名无家可归的临时工，身无分文。另外，我拥有

三个大学学位……现在，我坐在公共图书馆的计算机前，敲

出我的故事，同时考虑下一步该怎么做。"我回复了他的邮

件。后来，我们又相互写了一些邮件。在他给我的最后一封

邮件中，他写道："戴尔，谢谢你！我对你的感谢要超出你的想象。哦，我打赌，你能够理解我对你的感激之情。我计划远离拉斯维加斯，虽然我很乐意去那里，让人领着我看一看流浪汉和失业者出没和留宿的各种地方，感受一下'罪恶之城'①的'种族隔离'。我给拉斯维加斯《城市生活》(*City Life*)周报写了一篇评论文章，我将寄一份给你，我想你会喜欢的。我完全了解你的行程。我确实喜欢与你保持联系，因为对我而言你是上天送来的礼物。再见，我的新朋友戴尔。"然后，他就无影无踪了。我没有收到那篇文章，也再没有他的任何消息。后来，我试着去找他，但一无所获。

在金曼镇非营利组织"基石使命"的接待处，我被那里的保卫人员轰走了。当驾车离开时，我碰巧从一对夫妇旁边经过。我立即打开了我的磁带式录音机，放慢车速，录下了我对当时情形的描述和感想：

> 他们都是 60 岁左右的样子。
>
> 那位先生戴着镜面太阳镜。
>
> 脸部被太阳光灼伤，布满了结痂。

---

① 指拉斯维加斯。——译者注

满头白发。

戴着一顶软帽。

每人都有一辆废品车，里面装着空饮料罐。

艰难地在这里生存。

在亚利桑那州金曼镇，你捡到了多少饮料罐？

我继续在 66 号公路上行驶，不时旋转着收音机的调台旋钮，听着不同的电台节目。有时，还会有静电干扰。最后，我终于抵达了弗拉格斯塔夫。我看到，路边有很多老式的汽车旅馆，门前挂着霓虹灯招牌。大部分的汽车旅馆破败不堪，前面停着一些款式较新的汽车。在我大约 3 岁的时候，我曾经在其中的某个旅馆过夜。那是 1959 年，我母亲和我们其余6 个人开车前往加利福尼亚州，途中在这里休息。我们的车是一辆老式的圆形挡泥板的雪佛兰轿车。当时，我不愿意进入旅馆，因为气味太难闻。这一次再次经过这里，我忍不住去想象，这些旅馆现在的气味会是什么样子。这时，我看到了温迪·罗杰斯 [1]（Wendy Rogers）竞选州参议员的宣传牌。宣

---

① 　温迪·罗杰斯（Wendy Rogers），共和党人，特朗普的坚定支持者。她曾在美国空军服役，2020 年 11 月当选亚利桑那州参议员。——译者注

传牌最上面的位置写着鲜红色的标语：

PRO TRUMP（支持特朗普）

当我接近位于市中区的市政厅的时候，我看到我的左侧有20多个示威者。他们一边挥舞着"黑人的命也是命"的牌子，一边喊着口号。一些路过的车辆按着喇叭，场面混乱嘈杂。我把车停到了市政厅后面，然后拿着录音机和笔记本靠近抗议的人群。那些抗议者种族各异，有黑人、拉丁裔人、一个原住民和一些白人。这时，一个矮个子白人男子朝我冲了过来。他留着浓密的胡须，是那种20多岁的年轻人喜欢留的样式。他说出每一个字时，都是在高声尖叫。

"你怎么听说这件事的！你不能在这里！我们不知道你是谁！"

我设法向他解释我是谁。

"在号召这次游行的人当中，有人和你联系过吗？"

"没有。"

"那么，你不能在这里！"

"这是公共区域，老兄。"

我于是就和那名原住民交谈，他开始告诉我，他为什么在这里。

这时，一名脸部胖嘟嘟的白人女士怒气冲冲地走过来。由于暴怒，她的脸涨得通红。她对我尖叫道："去你的吧！你不能在这里！"

我试图解释我是谁，不过她朝人群喊道："他不是媒体！"然后，她对我怒目圆睁，大喊："去你的！快滚！"

这时，一位高个子的白人男子说："嘿！冷静！冷静！没什么大不了的。他只是在做他的工作。"

我尽力把我的工作做好，开始与一位拉丁裔女士交谈起来。这时，那名脸涨得通红的白人女子从我们的后面走过来，恬不知耻地撒谎。她扯着嗓子喊道："他刚才骂我是贱人，还诅咒我下地狱！"

我根本没有骂她。

"你骂了！你骂我贱人，还诅咒我下地狱！"

"女士，我从来没有……"

"他只是在这里捣乱，乘机把水搅浑！就像现在一样，你会再次诅咒我，再次骂我贱人。你可以滚了，老兄！"

现在，人群中的许多人相信了她说的谎言并高喊："滚开！滚开！"在我离开的时候，我注意到，一些有色人种并没有跟着喊叫，其中一位拉丁裔女士还用同情的目光看着我。

在老 66 号公路东侧的一家星巴克咖啡店，我停下来去喝一杯咖啡。排队时，我注意到我身后是一对金黄头发的母女。母亲戴着白色的珍珠项链，身穿黑色套装，上面印着鲜艳的橘黄色向日葵的图案。女儿下身穿着一件黑白相间的运动短裤，上身是一件清爽的、崭新的大号白色 T 恤衫。T 恤衫的上部有五个红色的星星，下面是醒目的文字：

特朗普

彭　斯

让美国保持伟大！

2020

如果我是为报社工作，那么我愿意和她们交谈，进而把事情描述得更公平和公正一些。但是，我已经不是为报社工作了。此外，那一天，我已经经历了足够多的令人感叹的事情。

科罗拉多高原

我驾车沿着 160 号公路向前行驶，穿越纳瓦霍族（Navajo Nation）印第安人保留地所在的红岩高地沙漠。在我的左侧，可以看到 10 384 英尺高的纳瓦霍山（Navajo Mountain），山体呈圆顶型，孤零零地屹立于科罗拉多高原之上。纳瓦霍族人把这座圣山称为纳特西山（Naatsis'aan），意为"大地女人的头"（Head of the Earth Woman）。我第一次遇到美洲原住民，是在这座山的西侧。

那是 1976 年，当时我 19 岁。我花了一个半月的时间进行灵境追寻（vision quest）。我背着背包，从犹他州（Utah）靠近格林河（Green River）与科罗拉多河（Colorado River）交会的地方出发，向西朝着科罗拉多大峡谷（Grand Canyon）艰苦跋涉。数百条南北走向的大峡谷，看起来就像平滑的岩石上被撕裂的巨大伤口。一路上，我不得不经常借助绳索进行

科罗拉多高原防控新型冠状病毒肺炎疫情的宣传牌

攀爬和索降。因此，我的行进缓慢而艰苦。到了1976年5月，我消瘦到体重只有115磅，饥饿难耐。于是，我决定放弃，结束了科罗拉多大峡谷的行程。我搭了一艘便船，渡过了鲍威尔湖（Lake Powell）。它是淹没格伦峡谷（Glen Canyon）以及科罗拉多河流域部分地区之后形成的人工湖。随后，我沿着崎岖不平的彩虹步道（Rainbow Trail）一路向南。1913年，著名作家赞恩·格雷（Zane Grey）作为背包客来到彩虹步道旅行之后，彩虹步道名声大噪，格雷本人后来也创作了一本同名小说。途中，我遇到一条好像永无尽头的之字形小路，它通向几乎垂直的绝壁上方。在行进过程中，我听到下方远处岩石的咔嗒声。我看到，一个十二三岁的纳瓦霍族男孩，走在一位满脸皱纹的老人前面。同时，他们还牵着一匹马。

我当时非常虚弱，因此，在距离"之"字形小路最高的位置还有很远距离的时候，他们就赶了上来。在那块地方，没有别的路可走。那位老人、男孩和马就在下面小路的转角处，我们之间是垂直的悬崖。我注意到，他们两人用纳瓦霍语交谈。从他们身上，你看不出当时是 1976 年还是 1876 年。在峡谷中，我曾见到过印第安人用刺柏树的木杆搭建的木屋，那些木屋还是有用处的，因为他们好像会季节性地在那里居住。那个男孩走过来，对我解释说，那匹马在峡谷地区度过了冬天，野性很大。它如果看到我，可能会受到惊吓。他让我躲一下，于是我就把我的背包放在两块巨石之间，然后爬上一块巨石，把自己藏在一个缝隙当中。虽然我不觉得自己藏得很好，但我也只能做到那个程度了。当那位老人和男孩牵着马从我旁边走过的时候，我屏住呼吸，不敢出声。当他们走到我上方两个转角的地方后，那位老人从小路的边缘朝下看，冲着我微笑。他说着纳瓦霍语，向我招手，好像在向我表示感谢。但是，我的感觉糟糕极了。

也许是因为那件事情，每当我踏上美国原住民的土地上时，我就会感到不自在。于是，我总是设法不去报道美国原住民的问题：作为记者，报道原住民的问题会让我感到不舒服，就如同当年 19 岁的我在那座山上时的感觉一样。关于美国原住民的报道，我只写过三篇，其中两篇是我在报社做通用题材记者时写的。当时，报社指派我写一篇关于 D–Q 大学（Deganawidah–Quetzalcoatl）的报道。那所大学位于加利福尼亚州戴维斯市（Davis）西部，它的宗旨是在保护传统宗教、信仰和价值观的基础上，为美国原住民和墨西哥裔美国人提供学习机会。D–Q 大学的校园，原来是美国陆军的一个军事设施，占地 643 英亩。当时，有传言称，政府要在某一天收回那所大学的校园。因此，我那天上午赶到现场进行报道。不过传言中的"收回"并未发生。我在 1982 年 10 月 26 日的报道中写道："支持者们在一个房间内用雪松枝点燃象征着印第安人文化的圣火，并进行了 72 小时的祈祷和守夜。大学被政府收回的威胁，就像从圣火中升起的烟雾一样消散了。"经过漫长的法律诉讼，政府要求该大学搬离的最后期限也被撤销。从某种程度上说，部分保守人士对 D–Q 大学抱有敌意，原因是 D–Q 大学当时的校长是丹尼斯·班克斯（Dennis Banks）。他是"美国印第安人运动"（American Indian Movement）这一组织的联合创始人，曾参加了 1969 年至 1971 年对恶魔岛（Alcatraz Island）的占领。包括班克斯在内的该组织的领导人，还武力夺取了南达科他州（South Dakota）的翁迪德尼（Wounded Knee）。在那场历时 71 天的围攻当中，一名法警和两名原住民被杀。州长杰里·布朗（Jerry Brown）赦免了班克斯，并拒绝将其引渡到南达科他州接受与翁迪德尼战斗有关的审判。

纳瓦霍族印第安人保留地防控新型冠状病毒肺炎疫情的宣传标语

　　班克斯少言寡语，至少在我报道的那次新闻发布会上如此。我记得，他那天坐在桌子旁，两眼朝远处凝视。他看起来疲惫不堪，精疲力竭。我在报道中只引用了他一句简明扼要的话："如果他们搞突然袭击，我一点也不会感到意外。但是从法律上来讲，他们现在没有权力驱赶我们。"

布朗下台后，一位共和党人当选加利福尼亚州州长，班克斯不得不逃离加利福尼亚州。他最终自首，被判入狱 18 个月。2017 年，班克斯自然衰老而死，享年 80 岁。这些年来，"美国印第安人运动"组织的活动逐渐减少，而美国原住民的经济困境并无改善。纳瓦霍族保留地的面积共 27 000 平方英里①，是美国最大的原住民保留地。这块保留地共有 180 000 名居民，家庭年收入中位数为 20 000 美元，43% 的人口生活在联邦政府划定的贫困线以下。纳瓦霍族保留地的这种状况，使它很容易受到新型冠状病毒的严重打击。事实上，在纳瓦霍族保留地举行的一次基督教复兴活动中，有人可能被感染。那是 2020 年 3 月初，然后疫情就快速传播开来了。当我在 2020 年 6 月开车穿越纳瓦霍族保留地的时候，这一地区的人均感染率在美国的 50 个州中最高。此外，在这块保留地上，大约 40% 的住房没有自来水，这种状况进一步加大了疫情传播的风险。

在开启这次旅行之前，我曾经与一个向纳瓦霍族保留地等偏远地区运水的组织联系，还试图与一些活动积极分子接触，但都没有得到回音。我承认，我也没有再给他们发邮件

---

① 1 平方英里约等于 2.59 平方米。——译者注

或打电话。这是因为我似乎还有 19 岁那年碰到那两个原住民时的那种感觉。于是，我决定，我在这一地区的调查活动完全交给运气，希望能够在公共场合遇到一些人，并在佩戴口罩和保持距离的情况下与他们交谈。然而，我发现，路两旁卖工艺品的摊位空无一人。在蒂巴城（Tuba City），平常比较热闹的街道上空空荡荡。当地还在周末实施宵禁，告知人们尽量待在家中。如果不得不外出，要佩戴口罩。我当然不可能去敲当地居民的房门。在我所到的地方，到处是要求人们待在家里和谨慎小心的宣传标语。

那天晚上，我是在犹他州的莫阿布（Moab）度过的。在去丹佛（Denver）的路上，我在科罗拉多州的大章克申（Grand Junction）停留了一段时间，前往流浪汉和失业者曾经出没、留宿的地方。1982 年，我和好朋友迈克尔曾乘坐装运货物的闷罐火车来到大章克申，与我们同行的还有失业建筑工人肯·吉布森（Ken Gibson），那是他第一次乘火车。当时，我们等了一夜后，爬上了丹佛和格兰德河西部铁路公司（Denver & Rio Grande Western Railroad）的一列运送粮食的货车。我和迈克尔跟着肯·吉布森到达丹佛，并记录了他找工作的经历。后来，他听说在得克萨斯州有可能找到工作，就乘火车去了得克萨斯州。我遇到过许多被抛入困难境地的人们，在他们当中，肯·吉布森的面容最为哀伤。在我们乘火车穿越落基山脉（Rockies）的莫法特隧道（Moffat Tunnel）时，迈克尔给肯·吉布森拍摄了一张照片。在那张照片中，他看起来像一个被吓坏了的孩子。

多年前，丹佛和格兰德河西部铁路公司进行了兼并重组，目前隶属于联合太平洋公司（Union Pacific）。1982年，我和迈克尔曾来到铁路货场北面的沙地灌木丛。当时，有许多流浪汉和失业者在那里留宿。我这次去的时候，没有见到流浪汉和失业者的身影，也没有看到他们烤火取暖用的火炉或者他们丢下的垃圾。我想，这背后的原因或许包括：停靠这里的火车较少、货场太热、流浪汉和失业者比较少。多年前，我试图寻找肯·吉布森。但是，在我们当时记录的那些失业者当中，许多人的名字都是常用名。因此，寻找肯·吉布森恐怕是大海捞针。然而，我想知道，当年和我们分别后，他是否找到了工作。可以确定的是，很多人没有。

丹佛

DENVER

第四部分

爱的挣扎

乔尔·霍奇（Joel Hodge）在一所学校后面的停车场等我。他的右眼已经失明，但当我们以疫情期间流行的互碰胳膊的方式打招呼时，他的左眼明亮有神，说明他欢迎我的到来。几乎可以肯定的是，他没有雇用公关公司为他工作，因为此前我们通过电话交谈时，他告诉我，那天上午的任何时间去找他都可以，地点是一个流动的食品分发点。那个食品分发点位于一个90%的居民是拉丁裔和黑人的社区，许多人是生活贫困的移民。乔尔是一个名为"爱的挣扎"（Struggle of Love）的非营利组织的联合创始人，该组织在丹佛东北部的一个名为蒙特贝罗（Montbello）的社区有一个食品分发站。为了减轻疫情传播的风险，乔尔和伙伴们采用"不下车领取食品"的模式向人们分发食品，这一模式和拉斯维加斯以及其他城市的"食品银行"的运作模式相同。

"爱的挣扎"的首要任务是帮助面临风险的青少年，项目包括教学和体育活动。向贫困人口分发食品，只是他们工作的很小一部分。疫情暴发后，他们的工作内容发生了变化。2020年3月中旬以前，他们每周向150名至250名居民发放食品，其中大部分是老年人。"现在每周要向2500名居民发放食品。"乔尔说。他们愿意赈济更多的人，但他们已经没有更多的食品。

我到达的时候，距离上午11点开始的食品分发时间还早。于是，乔尔就带着我参观了他们的食品分发点。在停车场上，他们搭建了多个遮阳棚，里面有许多平板托盘，上面堆放的是装着覆盆子和莴苣等新鲜农产品的箱子，堆放高度有8英尺高。冰箱里面装着冷冻牛肉馅和猪肉馅。在那所因疫情而关闭的学校里，走廊上的桌子上面放着装有条形和圆形面包的塑料袋，餐厅的桌子上堆放着罐装和盒装食品。在参观过程中，乔尔零零碎碎地给我讲述了一些他过去的故事。他是在位于芝加哥（Chicago）南区（South Side）第63大街和南瓦巴什大街（South Wabash Avenue）附近的公屋中长大的。"8岁到10岁期间，我被当时与我妈妈交往的一个皮条客猥亵。"芝加哥最大的黑帮——"黑帮弟子"（Gangster Disciples）经常与其对手"黑人弟子"（Black Disciples）火拼。在乔尔

18 岁生日前的一个月，他被卷入其中。"我先是被人用棒球棒击中，然后被打倒在地，并被打了三枪。"两发子弹射进了他的背部，一发射中头部，导致他失去一只眼睛。他最终被投入一所位于科罗拉多州的监狱。2001 年出狱后，他无家可归。不久，他和妻子莱凯莎（LaKeisha）一起创立了"爱的挣扎"

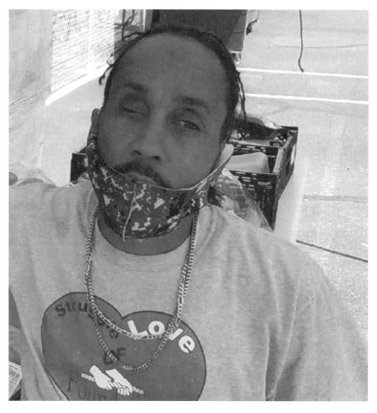

乔尔

这个非营利组织。

上午 11 点过后，领取食品的车辆陆续到来，其中一个白人司机驾驶着一辆育空河（Yukon）XL 型轿车，这款轿车最低售价 53 400 美元。通过几个小时的观察，我估计，来领取食品的车辆中，有四分之一至三分之一由白人驾驶。他们中的大多数人在领取慈善食品时显得非常不自在。这说明，他们并不是装成穷人，来领取免费食品的骗子。他们中的大多数不愿意与人交谈。其中一个白人女士喃喃自语地说道："我下岗了。"然后就低头不语了。另外一名司机则告诉我："我

分发免费食品的志愿者

们家有 6 口人，只有我上班挣钱。"我还注意到，大约一半的车辆中有孩子。

乔尔告诉我，在从黑人手中领取免费食品时，有些白人和拉丁裔人会感到拘束不安。当他们驾车离去时，他能够从他们脸上的表情看出这一点。在他们看来，黑人给他们分发免费食品是讲不通的，应该反过来才对。乔尔从他们看自己的眼神中，猜到了他们的想法：我不得不从这些人手中领取东西，而我说过许多憎恨这些人的话。"爱的挣扎"还有其他项目，在分发食品时，乔尔请其他项目的人充当志愿者。他们大部分是非洲裔美国人，其中还包括一些孩子。乔尔回忆道："有一次，一位白人女士问我'这是谁办的？'我告诉她'我设立了这个组织。'她说'哦，不，不是你。'我只是说'谢谢你，再见。'我甚至没有感到生气，因为那是愚蠢的行为。不过，那就是有些人对我们的印象。你知道我在谈论什么，对吗？"显然，他是指一些白人对黑人的模式化的偏见。"所以，我们不得不转变有些人的思维方式。并不是所有的黑人都是罪犯。"还有一次，一位拉丁裔女士看到她前面的那辆车得到了两箱食品，而她只得到一箱，于是她就抱怨起来。

参与分发免费食品的儿童

乔尔回忆道："我告诉她'因为你领取的是一家人的食品，前面的那个人领取的是两家人的食品。'她说'这不行，我要和你们的老板讲。'我告诉她'听着，女士。在这里，比我级别高的老板只有上帝。'"

志愿者德米特里厄斯·詹金斯（Demetrious Jenkins）接待了一辆车，司机是位拉丁裔女士。他把一箱新鲜农产品给了她。他先是讲西班牙语，然后说西班牙式英语。"你还需要西红柿吗？"他问那名女士。他又拿起一打鸡蛋。"鸡蛋也拿着，宝贝。"

那位女士驾车离开后，德米特里厄斯——他本人是一位黑人，向我解释为什么他会讲西班牙语："我们经常在他们的社区遇到他们，他们的人口相当多。"

不久前，首次来领取免费食品的人的数量突然增加。谈及当时的情况，德米特里厄斯说："许多新来的人是严格的素食主义者，他们非常挑剔，他们告诉我们'不要这个，不要那个。'我告诉那些人'这不是为严格的素食主义者发放免费食品的地方。你们不能太挑剔，不能告诉我们说，你们只要鱼，或者只要豆腐之类的食品。我们发放的食品中有猪肉，这是没有办法的事情。'刚开始的时候，有许多人提出各种要求，他们一定是第一次来这里。如果我们试图满足每个人的需求，那将是荒唐可笑的。"

在那些第一次来的人们当中，大部分不到 45 岁。

"他们不知道如何领取食品，"德米特里厄斯说，"他们以前从来没有做过这种事情，因此就觉得有权利提各种要求。或者确实是由于不知道程序，因而认为可以要求得到某种食品。那些此前来过的人，他们知道怎么做。他们来到这里，我们把食品放到他们的车上，他们用微笑表示感谢。这说明，他们有感恩之心，也非常谦卑。"

至于来领取食品的人们的职业，德米特里厄斯不去询问。他只知道，许多第一次来的人刚刚下岗或失业。"我看到很多豪车，包括捷豹、奔驰、宝马和英菲尼迪。有些人还开着福特 F-150s 型和雪佛兰 Suburban 型轿车。所以，我猜想，在成为无足轻重的小人物之前，他们曾经身居要职，或者拥有显赫的头衔。"

乔尔和德米特里厄斯都谈论了目前哪些人还有"好的"工作。有人认为，某些从事服务行业和快递等零工经济的人们仍然在工作，因而比较幸运。然而，乔尔对这一部分人的工资感到伤心。"对那些做基本工作、为你提供食品和其他物品的人，请支付他们足够的工资。现在，他们拿的是最低工资——每小时 15 美元。也就是说，如果是全职的话，每周 600 美元。交税之后，他们还能带回家多少钱？"他问道。恐怕少于 400 美元。他还说，如果要租一个还算不错的住所，需要 1800 美元，差的地方也要 1200 美元。简单计算一下：带回家的钱，大多数或者全部都交给了房东。"辛辛苦苦地工作，却收入微薄，大家都受够了。"

我掏出手机，让乔尔看那两张照片。乔尔盯着第二张看了一会儿，说道："哦，那句话不言自明，不是吗？你出生时就生而贫贱，你出生之后一直生而贫贱。每个人都是这样，每个出生于美国的人都是这样。"

乔尔是指那些没有钱的人。他谈及美国的经济不平等状况，重点谈论了杰夫·贝佐斯（Jeff Bezos）。

"看一下亚马逊。你赚了几千亿美元，却给工人开每小时12美元的工资。你疯了吗？你有那么邪恶和肮脏吗？金钱把你变得那么邪恶吗？真的吗？你还能买什么？我的意思是，你拥有了半个美国，你还想要什么？新型冠状病毒肺炎疫情只是证明了每个人都知道的事情。"

在美国，乔尔补充道："我们生来就憎恨一些事情，原因各异。我还不理解这一现象，这有点让我迷惑。我认为，每个人都有超级力量。你的内心深处有两种超级力量，对吗？一个是积极的，另一个是消极的。这两种超级力量非常强大，如果你总是从消极的方面去考虑问题，你做决定和看待事情时就会很消极。无论看到什么，你都会觉得是消极的、消极的、消极的。但是，当你坚信积极的一面时，积极的超级力量就会更加强大，进而战胜消极力量。这样的话，你焕发出的巨大潜力将超出你的想象。这就是我告诉孩子们的话。你拥有两种超级力量。"

黑人的命也是命

　　科罗拉多州奥罗拉市（Aurora）：2019 年 8 月 24 日，23 岁的伊利亚·麦克莱恩（Elijah McClain）在位于科尔法克斯大街（Colfax Avenue）的一家便利店为堂兄购买茶叶后离开。因为他患有贫血症，还容易感冒，所以像平常一样，佩戴着口罩。有人看到他戴着口罩，觉得他可疑，就打了 911 报警。警察到来时，麦克莱恩正在听音乐，所以当警察最初问话时，他没有听到，也没有回应。警察随身携带的摄像头拍摄的模糊录像显示，麦克莱恩后来告诉警察，自己性格内向，希望警察不要打扰他。随后，3 名警察把 140 磅重的麦克莱恩摔倒在地。其中一名警察声称，麦克莱恩伸手去抢警察的武器。然而，录像上看不到这一镜头。一名警察用一只胳膊缠住麦克莱恩的脖子，那个动作被称为"颈动脉锁喉"，它能够使人因大脑缺血而失去意识。麦克莱恩透不过气，央求道："我无法呼吸了，求求你停下来。"他被戴上手铐，呕吐了好几次，还被医务辅助人员注射了氯胺酮——一种强效镇静剂。在急救车上，他心脏病发作。3天后，他被宣布脑死亡。涉事的3名警察被停职，但几个月后，一个审查委员会认定他们并无过错，他们又重新上岗了。

特伦斯·罗伯茨（Terrance Roberts）是一位民权积极分子，他在2019年10月初与其他一些社区领袖一起，号召民众举行集会，为麦克莱恩伸张正义。然而，除他以外，只有6个人到场参加了那次集会。"没人关心这个事件，即使他们生活在当地。"特伦斯表示。又一位黑人由于警察粗暴执法而死亡，但是，与许多其他类似事件一样，这起事件恐怕也将变得无声无息。

让人难以理解的是，尽管丹佛这座大都市的种族分裂问题很严重，但并没有引起关注。其实，丹佛到处充斥着种族主义，其种族主义问题由来已久。就当代而言，丹佛在1970年2月5日曾发生了臭名昭著的种族主义事件：事件的起因是8个丹佛的家庭对学校理事会提出诉讼，认为丹佛的公立学校实施种族隔离政策，导致教育不公。他们要求整合校车接送学生的制度，用校车接送黑人学生到以白人为主的公立学校上学。然而，2月5日晚，有人在丹佛公立学校校车停

特伦斯

特伦斯在进行演讲

车场制造了一起爆炸事件。爆炸引发大火，三分之一的校车被毁。凯斯（Keyes）等人起诉丹佛第一学区的官司，最终打到了美国最高法院。法官威廉·布伦南（William Brennan）支持整合校车接送制度。他表示，丹佛是"（有）3 个种族的城市……与白人学生受到的教育相比，黑人和拉丁裔学生更容易受到歧视。"随后，校车接送制度的改革得以进行。然而，抗议者在丹佛"吊死了"布伦南的肖像。随后，大量白人悄悄逃离，抛弃了这座城市。1970 年至 1975 年，丹佛第一学区的学生注册人数下降 21%。1974 年，《庞德斯通修正案》

（*Poundstone Amendment*）获得通过。该修正案限制了丹佛的地域扩展，因为这项法律禁止丹佛吞并白人已经逃离的（周边）地区，并且要求建立综合的校车接送制度。

目前，在丹佛市的一些学校，90%的学生不是白人。同时，正在发生的事情表明，奥罗拉市杀害黑人的警察似乎要逃脱法律的制裁。幸运的是，到2019年11月之前，参加为麦克莱恩伸张正义的集会的人越来越多。"10人，20人，然后30人。"特伦斯说。他们起草了一份名为"伊利亚·麦克莱恩警察责任法案"的议案，提交给科罗拉多州的立法机构。他们与黑人党团（Black Caucus）的领导人见面，却被告知"时机尚不成熟"。特伦斯非常沮丧和愤怒。他不禁要问：如果不是现在，那么是什么时候？然而，他们的议案没有取得进展。2020年5月25日，明尼苏达州（Minnesota）明尼阿波利斯市（Minneapolis）的一名警察跪压在乔治·弗洛伊德（George Floyd）的脖子上，导致其死亡。"黑人的命也是命"（Black Lives Matter，BLM）运动席卷美国各地。同年5月28日，特伦斯在州议会大厦前对数千民众发表演说。大约一周后，他手持麦克风，在奥罗拉市政厅的前面对几百名抗议者发表了讲话。当时，他身穿黑灰色T恤衫，胸前位置上写着白色的大字：

伊利亚·麦克莱恩

为伊利亚伸张正义

到 2020 年 6 月的第 3 周，特伦斯 8 个月前与其他 6 个人势单力薄的诉求，才在全美各地引起反响：在请愿网站 Change.org 上，要求把杀害麦克莱恩的警察绳之以法的请愿有 200 万人签名。到 7 月 4 日，该请愿的签名人数达到 410 万，并成为"该网站有史以来签名人数最多的请愿"。

在过去几十年，我报道了许多运动，但在把某个人称为某次运动的"领导人"方面，我变得越发谨慎。许多被公众认为是领导人的人，其实并非领导人。有时候，一些组织的实际领导人会变成名义上的领导人，因为公众对于他们的关注度会被一些没有正式头衔的人超过。当我问特伦斯，对担任丹佛"黑人的命也是命"运动的领导人有何感想时，他回答说："我只是这个运动的社区组织者，但我不属于'黑人的命也是命'这一组织。"实际上，特伦斯属于一个名为"革命运动前线党"的组织。从个人和公众的角度来看，他成为一位社区组织者的历程，就像一个街头拉撒路①（Lazarus）的惊

---

① 拉撒路（Lazarus）是《圣经·约翰福音》中记载的人物，他病危时没等到耶稣的救治就死了，但耶稣一口断定他将复活，四天后拉撒路果然从山洞里走出来，证明了耶稣的神迹。——译者注

险故事。无论从实际意义还是从象征意义上讲，特伦斯已经死亡过不止一次。当特伦斯有可能在监狱度过余生时，有人在名为《5280》的当地杂志上为他撰写了讣告。那份讣告把他称为自由战士和民权积极分子，在他的社区有巨大的影响力。

特伦斯的出生地点，距离丹佛的非洲裔居民区豪立（Holly）只相隔几个街区。他的母亲是一位瘾君子。20世纪90年代初，他成为黑帮组织"血帮"（Bloods）的一员，被人称为"CK秀比兹"（CK Showbiz）。CK是"瘸帮杀手"（Crip Killer）的缩写，而"瘸帮"（Crips）是另外一个黑帮组织。1993年，他被人用枪击伤，几乎瘫痪。在接下来的10年中，他成为监狱的常客，罪名大都与毒品和枪支有关。最后一次出狱后，他信奉了上帝。于是，他宣布退出"血帮"，洗心革面，重新做人。他回到丹佛的豪立地区，那里是他的根。回到家乡后，他创立了一个防止青少年暴力的项目。然而，项目进展并不顺利。2008年，"瘸帮"放火烧毁了豪立购物中心，该购物中心是社区的中心建筑。"瘸帮"的这一行为导致紧张局势升级。特伦斯决心重建购物中心。最初，他受到了广泛的赞扬，获得了丹佛当地势力强大的精英和富豪的支持。到2012年，他获得了足够的资金，建设了包括几个篮球场、一个足球场和一个游乐场在内的多个设施。然而，随着时间的推移，他对绅士化①对非洲裔美国人社区造成的伤害发出质疑；呼吁关注警察的种族主义问题；抗议白人开发商不在豪立地区聘用黑人工人。他的敌人既来自政府，又来自"血帮"——他曾经所在的黑帮组织，因为他教导孩子们远离黑帮。2013 年 9 月 10 日，特伦斯组织了一场和平集会，但场面后来变得非常混乱。他被怒气冲天的"血帮"成员包围。警方后来的报告指出，有人指着特伦斯高喊：他在那里，就在那！我们去抓住他！特伦斯掏出一把 9 毫米口径的手枪，朝着向自己扑来的 22 岁的哈桑·琼斯（Hasan Jones）射击。琼斯虽然保住了性命，但腰部以下瘫痪。地方检察官拿出一份认罪协议。这份协议意味着，如果特伦斯认罪，他将面临 10年至 32 年的牢狱之灾。特伦斯拒绝认罪，于是地方检察官就增加了"累犯"的指控。这样的话，如果特伦斯被定罪，他将面临 102 年的刑期，并且丧失假释的机会。特伦斯则（向陪审团）指控一个范围更广的阴谋，涉及警方的线人，但这

---

① 绅士化（Gentrification）又译作中产阶层化、贵族化或缙绅化，是社会发展的一个可能现象，指一个旧社区从原本聚集低收入人士，到重建后地价及租金上升，引来较高收入人士迁入，并取代原有低收入者。——译者注

一指控并未被陪审团认可。2015年，陪审团认定对特伦斯的指控均不成立，部分原因是录像显示他当时正受到攻击，有理由因为生命受到威胁而采取自卫行动。

现在，我坐在特伦斯家的客厅里。他的公寓在一楼，位于一个非常普通的工人阶级小区。小区位于市中心东南部，距离奥罗拉市的边界大约有一英里远。小区内有几栋居民楼，共有几十套公寓。特伦斯家的客厅内摆放着一个棕色皮沙发，沙发边缘由于多年来与腿部的摩擦已经磨损。在通往露台的推拉门附近，放置着一副30磅重的杠铃。一只鸭子妈妈带着一群小鸭子，摇摇晃晃地从这座被租赁中介称为"花园公寓"的房子前面走过。特伦斯告诉我，几天前，这群鸭子趁着没关门，闯进来闲逛。今天，门关上了，它们无法进来，不过看起来它们非常想故伎重演。屋内的家具并不多，其中包括一张很普通的桌子。特伦斯指着那张桌子告诉我，乔治·弗洛伊德事件发生后，就是在那里，他和另外一名组织者坎迪斯·贝利（Candice Bailey）最终修订了他们在麦克莱恩被杀后起草的议案。修订后的议案要求警察随身佩戴摄像头；在全国范围内建立有不当行为的警察的数据库；禁止使用导致麦克莱恩死亡的"颈动脉锁喉"的动作；终结警察享有的"有限制的豁免权"，因为该豁免权能够让警察造成他人死亡后免责。

"我们就是在那张桌子上撰写的那份议案，"特伦斯自豪地说，"就在那里！老兄，在美国警察的执法历史上，这是迄今为止最全面的惩罚性议案！虽然这份议案并不完全令我满意，但我还是支持它。"特伦斯和他的伙伴们把议案递交给科罗拉多州众议员莱斯利·希津（Leslie Herod）。希津是首位当选该州众议员的同性恋非洲裔美国人。这一次，他们没有被置之不理。编号为"SB 20-217"的"警察廉政、透明和问责法案"即将进行投票。然而，目前有一个问题，那就是一些年长的非洲裔宗教领袖认为，在撰写和提交议案的过程中，他们被忽略了。特伦斯邀请我坐在他旁边，旁听了那些宗教领袖、非洲裔美国政客以及民权积极分子参加的一场 Zoom 会议。他们的讨论非常激烈，甚至有争吵的意味，还有一位民权积极分子怒气冲冲地离开了会议。没有人对议案内容表示异议，但自尊心还是需要安抚一下。对话变得越发激烈起来，会议有些失控，但特伦斯保持沉默。最后，在这场原计划持续一个小时的会议进行到 36 分钟时，特伦斯要求发言。与会人员终于第一次安静下来，听特伦斯发表意见。

"牧师老兄，我听到你说，你们感觉自己没有受到尊重，我也有同样的感觉。你们知道，我的祖母在第 28 大街和费尔法克斯街（Fairfax）交叉口开了一家饭店，我就是在那里长大的。你们知道我过去的经历，我热衷于黑帮活动，多次参与暴力和帮派冲突。你们是我的兄弟，曾经多次找到我、劝导我，并最终帮助我摆脱了黑帮。当我组织人们重建豪立广场时，我与我们的牧师一起工作。当时，我组织人们在位于城市联盟（Urban League）附近的教堂里面开会，所以，我知道你们的思考方法。不要以为我不理解你们的感受。我们推动这一议案时，并不是忽略你们，或者对你们这些年长人士有任何的不尊重。起初，我们围绕着麦克莱恩被警察杀害以及类似事件展开活动，与参与活动的人们讨论应该怎么做。当我在录像中看到麦克莱恩遭遇到了什么，并且听到那位警察说'老兄，遮住你的摄像头'的时候，我想到了一个主意，那就是起草一个议案，要求对警察携带摄像头做出规定，不允许他们取下或遮住摄像头，否则将被定重罪。我把议案提交给了州众议员希津和詹姆斯·科尔曼（James Coleman）。我还与坎迪斯以及其他的组织者见面，地点就在我现在所在的客厅。坎迪斯此前起草过类似的文件，于是我们就把我们的意见整合起来。后来，我们与希津女士和科尔曼先生见了面，给他们解释我们的议案。但是，在那个时候，时机还不太成熟。尽管如此，我还是希望他们能够提交我们的议案。你们知道，我愿意学习，愿意听别人的意见，正如我现在听你们的意见一样。他们当时对我解释说，特伦斯，时机还不太成熟。但是，现在呢？时机成熟了。这就是为什么我们现在要提交这个议案。我研究了议案，知道我的主张并没有完全包含在内。然而，我同时还知道，我的一些主张包含在了里面，其中包括要求警察佩戴摄像头。这将挽救许多黑人的性命，尤其是年轻人的性命。虽然这个议案可以更强硬一些，但科尔曼众议员前几天告诉我，他们将在 2021 年 1 月讨论多个议案。因此，我们必须抓紧时间。我支持这个议案，原因之一是你们都是宗教界有影响力的人物。虽然在最初起草这个议案的时候，并不是你们当中所有的人都被纳入进来，但这并不是对你们的不尊重。在麦克莱恩被使用暴力的警察杀害后，你们并没有采取足够的行动，这是事实。作为宗教团体，你们做了许多帮助年轻黑人的事情。然而，在社区互动方面，我们存在联系不够紧密的问题。我一直与牧师联盟合作，这是因为，在我从事社区组织工作的起步阶段，我就与帕克希尔（Park Hill）地区教堂的所有牧师建立了联系。兄弟们，这是一件需要采取快速行动的事情。我们目前处于战争当中，因为我们发起的抗争相当于一场战争。我不想让你们觉得有任何的不尊重，因为那不是我们的初衷。由于没有被纳入进来而感到不满，这很正常，但请不要认为自己被置之不理。要知道，我们需要快速行动。兄弟们，我们需要你们的支持，这对我们所有的人都有好处。此外，我们应当更好地团结协作，以便在将来避免类似的情形再次发生。以上就是我要发表的意见。"

特伦斯的讲话比其他人都长，但在这场此前被多次打断的会议上，没有人打断他。特伦斯的讲话改变了会议气氛，平复了与会者的紧张情绪。当他点击"结束会议"后，他长出了一口气。乔治·弗洛伊德事件爆发后的几周，事情的进展速度令人惊叹。特伦斯表示，此前"一次活动一般有大约20个人参加。"然而，当他前不久在州议会大厦前发表讲话时，面对的是几千名群众。"我几乎要哭了，因为眼前发生的一切令人难以置信。"投身于促进变革的行动主义，是一项全职工作。特伦斯睡眠不足，但他正处于关键时期，只能加班加点。"我当然要尽快撰写问责警察的法案，当然要抗议丹佛、奥罗拉、明尼阿波利斯、纽约、洛杉矶和其他地方的警察。"

我让特伦斯看了我储存在手机里的照片。

"你是在问我是否属于'生而贫贱'吗？我的意思是，我是一名非洲裔美国男子。"

他给我的答案似乎显而易见，就像"那还用说"一样。

他是在告诉我，没有必要问这样的问题，但同时他的语气充满了无奈。

"我在一个居民全部是黑人的社区长大。"他接着说。因此，他认为美国有大量黑人。然而，他长大并踏入社会以后才发现，黑人的数量实际上相当少，这使他"作为一个成年人感到非常震惊"。按照美国的人口普查数据，黑人只占美国人口的13.4%。"黑人并不多，为什么要对黑人有这种偏见？为什么要打击和伤害我们？为什么要成立'骄傲男孩'①（Proud Boys）和类似的组织？老兄，我们只占美国人口很小的一部分，怎么可能伤害你们所有的人？'骄傲男孩'的能量和思维模式从何而来？他们的许多理念都建立在移民和黑人抢了他们的工作的假设之上。他们还认为黑人懒惰。其实，黑人是在拒绝免费劳动之后，才被他们冠以这样的恶名。这是一笔经济账。两天之后就是'六月节'②了，这个节日是为了纪念奴隶制的终结。当时，得克萨斯州的奴隶主在《解放

---

① "骄傲男孩"（Proud Boys）是一个极右团体，成立于2016年，创始者是一名居住在美国的加拿大公民。这一团体在美国、加拿大和其他国家有分支机构。加拿大政府已将"骄傲男孩"列为恐怖组织。——译者注

② 六月节（Juneteenth）是美国纪念废除奴隶制的全国性节日，于6月19日举行庆祝活动。——译者注

奴隶宣言》(*The Emancipation Proclamation*)发表两年之后才被迫释放他们的奴隶，为什么？这是因为数百万美元甚至数十亿美元的利益问题。对于奴隶主而言，免费榨取黑人的劳动，当然要比支付他们数十亿美元更划算。"

"因此，我们在经济公平方面有许多问题，我们正在为此进行抗争。我已经43岁了，我现在才意识到，政府本来应当给予非洲裔美国人某种形式的赔偿，但实际上并没有那么做。我过去认为，那是不可能的事情，因为可能要花费数万亿美元。然而，新型冠状病毒肺炎疫情暴发后，他们却在大量印钞。"他还说，如果政府有支出意愿的话，钱并不是问题。不久前，乔尔给我说过同样的话。特伦斯有了这种观念，因而能够在国内和国际背景下思考货币问题。他认为，在非洲，支撑货币购买力的是钻石和黄金等自然资源的价值。

"我的结论是：美国的货币购买力不是靠玉米和棉花支撑，而是靠军事实力。"他说。在说出"军事"这个词的时候，他拖长了声音，以示强调。"你明白吗？军事就如同我们的自然资源，军事力量支撑着美元。我们可以到别的国家制造麻烦，发动战争。如果不是这样，你在银行里的10 000美元从何而来？"

从这里扩展开来，美国的警察部门也有这种展示绝对实力的心态。

"这就是为什么有些人要反对这种立法。"他是指即将被投票的 SB 20–217 议案。"我是说那些对警察暴力以及黑人遭到滥杀毫不在意的人。之所以他们对抗议活动感到不满，是因为他们觉得，他们的生活以及美国社会的一切都靠警察执法来支撑。可是，警察在执法时把膝盖压在黑人、墨西哥人、拉丁裔人和贫穷白人的脖子上面。即使你是白人，也不意味着你会受到公正的对待，不是吗？我遇到过的许多白人，他们并不站在富人的立场上说话。所以，反对种族主义的不仅仅是黑人。此外，种族主义导致黑人缺乏资源，所以我们要反对种族主义。但是，我们同样反对与种族主义一样恶劣的阶级歧视。这是因为，如果你一文不名，无论你是什么种族，你都要挨饿。"

我与特伦斯分开的第二天，就是六月节。当天，科罗拉多州州长贾莱德·波利斯（Jared Polis）签署了 SB 20–217 议案。该议案得到了两党的广泛支持，100 位议员中只有 15 位表示反对。议案通过后，特伦斯立即在州议会大厦门前的台阶上进行了演讲。我的朋友给我发来了现场照片。照片中，特伦斯手拿麦克风，正在发表讲话。同时，他高举右臂，向黑人权利致敬。

肉类加工小镇

MEAT
TOWNS

第五部分

克里特镇 [①]

　　你是否正在与合法或非法阿片样物质进行艰苦的抗争？或者你认识的人当中有人面临这样的问题？现在，你可以获得帮助。请咨询你的家庭医生，更好地了解你所在地区的治疗策略。事实证明，病人们能够康复。治疗费用由各州"药物滥用和心理健康服务协会"的阿片样物质应急拨款承担，赞助单位为内布拉斯加州（Nebraska）健康和公共服务部，合作单位为内布拉斯加州广播公司协会以及本台。

　　以上为内布拉斯加州格兰德岛（Grand Island）KSYZ-FM 电台"岛屿 FM107.7"频道播出的公共服务

---

① 克里特镇（Crete）是位于美国内布拉斯加州的一座小镇，由萨林县（Saline）负责管辖。——译者注

通告，播出时间为2020年6月18日中午12点38分。

　　我驾车驶入内布拉斯加州的克里特镇。该镇的人口为7082人，位于西经100度线以东50英里。从降雨量而言，西经100度线有着重要意义，因为从非官方的角度来看，它是潮湿的美国东部与干旱的美国西部之间的分界线。我看到，公路旁边有一座沃尔玛（Wal-Mart）超级中心，这毫不奇怪，因为沃尔玛经常出现在这种位置。远处的地平线上，许多粮仓拔地而起，标示出主城区的位置。主城区呈带状分布，有许多红砖建筑物，基本上都有上百年的历史。进入城区之后，我发现临街商铺空空荡荡。如果你不知道这是一个肉类加工小镇，那么一些企业的标识和名称会透露给你一些信息。这些企业聘用的基本上都是移民，大多数是来自拉美地区的屠宰工。我注意到，有的广告上面写着："把你的钱汇往拉丁美洲""方便、快捷、安全""危地马拉餐厅"。在这些店铺中，有一家"新起点旧货店"，它的货架上几乎没有商品，店铺的窗户上贴着"出售"两个字。我沿着南大街（South Main）向前行驶。在到达生猪屠宰加工公司史密斯菲尔德（Smithfield）的肉联厂之前，路面都是经过铺设的。转过弯之后，就是碎石路面了。路的右边就是史密斯菲尔德肉联厂，它占地面积很大，每天的生猪屠宰量大约为一万头。

杜尔塞·卡斯塔涅达（Dulce Castañeda）的父亲就是那座工厂的一名工人。当新型冠状病毒肺炎疫情在内布拉斯加州和艾奥瓦州（Iowa）的肉类加工厂肆虐的时候，她非常担心父亲的健康。根据内布拉斯加州卫生部发布的报告，虽然拉丁裔人口只占该州人口总数的 11%，新型冠状病毒肺炎确诊病例数却占该州新型冠状病毒肺炎确诊病例总数的大约 60%。工人们工作的时候挨得很近，用锋利的工具快速分割肉类。车间的温度刚过零摄氏度，而病毒喜欢较低的气温。到 2020 年 4 月的时候，杜尔塞听说史密斯菲尔德公司职工的子女们成立了一个名为 "史密斯菲尔德职工子女"（Children of Smithfield）的组织。该组织呼吁保障所有肉类加工厂工人的权利，改善他们的工作环境。杜尔塞立即加入了这个组织。此前，她从来不是这类活动的积极分子。

1996 年，当杜尔塞只有两岁的时候，她随着父母搬到了克里特镇。他们一家是第一批搬到这个小镇的拉丁裔家庭。她的父母于 20 世纪 80 年代末从墨西哥来到美国，而她本人出生于格兰德岛。长大后，她外出求学，从西北大学（Northwestern University）社会学系顺利毕业。毕业后，她回到克里特镇，担任该镇首位社区救助主任。一年半之后，她去了墨西哥。2020 年 2 月，她返回了克里特镇，遭遇了新型冠状病毒肺炎疫情。

内布拉斯加州的政客和官员应对疫情危机的方式，让杜尔塞迷惑不解。当 2020 年 4 月疫情在肉类加工小镇肆虐之时，共和党州长皮特·里基茨（Pete Ricketts）拒绝公布工人的确诊病例数量，该州卫生部也对一些具体数据秘而不宣。6 月，里基茨州长称，如果该州的地方政府要求人们在法院和政府建筑内佩戴口罩，他将拒绝接受联邦政府的疫情救助资金。几周前，我和杜尔塞通过电话进行了交谈。她告诉我："一开始，我们的目的是提高公众意识，帮助大家意识到这一问题。我们进行了一些政治宣传活动。在这座工厂，我们进行了守夜抗议，方式是开车经过指定地点。抗议活动持续了整个 5 月。在列克星敦（Lexington）和格兰德岛等有肉类加工厂的地方，我们的伙伴们也举行了类似的活动。我们与参议员见面、与里基茨州长见面、与州众议员见面。我们了解到，是里基茨州长指示州卫生部不要公布数据。"

我问道："对于州长隐瞒数据的问题，你们与他展开交锋了吗？"

"是的。我们直接向他提出了这个问题。他此前回答过这个问题，但我们想让他直接对我们说，并且我们还想看一看他是否有新的信息要对我们讲。他说之所以不公布数据，是因为他相信，有些人在就业状态和工作地点方面撒谎。"

"这个理由听起来好像不太站得住脚，对吗？"

"是的。在这个问题上，我们又进行了追问。我们问道：'你知道有多少人在这方面撒谎吗？'他不知道，也无法给出答案。令人沮丧的是，州长总是说，在制定指南和建议方面，他一直非常依靠内布拉斯加大学（University of Nebraska）医学中心，并且一直在进行核查。他没有求助于美国劳工部和美国职业安全与健康管理局（OSHA），而这两个机构是有权实施疫情防控指南和建议的监督机构。令人失望的是，在我们的小组向美国职业安全与健康管理局进行投诉后，该机构直接给我们回复说：'我们建议你告诉家人佩戴口罩并保持社交距离。同时，工人们有减少疫情传播的责任。'在很大程度上，该机构似乎是在告诉我们：'哦，我们同样没有强制实施的权力。'"

"那么，谁有这个权力呢？州长表示，公司已经告知员工要保持社交距离，也就是间隔 6 英尺。然而，在许多工作区域，这是不可能的。于是，我告诉州长，保持社交距离的要求并没有得到执行。他说：'那么，这就是员工的疏忽了，因为老板不可能整天坐在那里监督员工。'于是，我们就走进了

疫情中的杜尔塞（左）

死胡同，责任总是被推到工人身上。可是，到底是谁应该为这件事情负责呢？"

　　近些年，中西部地区一个好的变化是，像克里特镇一样大小或更大一些的小镇，都有非常棒的意式浓缩咖啡店。我在南大街找到一家名为"艺术家标记咖啡和商品"的咖啡店，然后坐在外面的一张桌子旁等待杜尔塞的到来。这时，从附近的"克里特镇磨粉厂"突然传来巨大的噪声，那是因为工人们开始研磨玉米。杜尔塞刚刚到达，就下起了瓢泼大雨。于是，咖啡店老板邀请我们坐在店内一个位于角落的桌子旁。店内的音响系统播放着音乐，我拿出手机，让杜尔塞看了那两张照片并给她讲述了背后的故事。当我询问她对照片的看法时，咖啡店的音响系统正好开始播放著名摇滚歌手布鲁斯·斯普林斯汀（Bruce Springsteen）的歌曲《生于美国》[①]（Born in the USA）。

"特朗普上台执政以前，美国的种族主义就已经存在，但还不是那么明目张胆。但是，特朗普上台后，种族主义'正常化'和'没关系'的大门被打开。现在，种族主义更加猖獗，也变得具有系统性。人们不得不考虑自己的肤色对生活和社交互动会产生什么样的影响。就我本人而言，我总是能够意识到，我的种族背景对我与其他人的互动以及我的经历产生了重大影响。你诞生在这样一个国家，在这里，你没有发言权。你无法改变别人对待你的方式，也无法改变周围的人对你的反应方式。我认为，有些团体的人们在出生前就已经处于弱势地位。当我们家搬到克里特镇的时候，我们是镇上第一批拉丁裔家庭。我对种族主义的首次体验，是我在报纸上看到了一些人写给编辑的信。我记得，许多信写道，'肮脏的人'来到了镇上。虽然我当时年龄尚小，但我会想，'他们谈论的是我们'。我认为，美国过分强调个人责任，忽略

---

① 这首歌讲述了美国的无数越南战争退伍军人在应对战后心理和身体影响的同时，还不得不尽力适应平民生活的困境。——译者注

社会环境的问题。我还觉得，对白人而言，说出'哦，这是我的问题'这样的话要容易得多。在这样的时代，富者愈富，穷者愈穷。就肉类加工业而言，为什么在疫情期间仍然要牺牲工人的安全和健康去为公司赚钱？上周，我看到了史密斯菲尔德公司首席执行官肯尼思·沙利文（Kenneth Sullivan）写给里基茨州长的电子邮件。沙利文认为，'佩戴口罩和保持社交距离等措施，会导致公司的部分工人歇斯底里。'"

沙利文的邮件写于三月中旬，"公共利益新闻"（ProPublica）网站将邮件内容披露了出来：

> 我们正面临着越来越高的风险，即食品生产行业的员工以及其他在供应链关键位置工作的员工停止上班。造成这一风险的原因，是政府一再重申保持社交距离的重要性，却在如何实施这一指南方面只提供很少的细节……保持社交距离是个美好的事情，但只有在用笔记本计算机办公时才讲得通。

"这样的说法令人震惊，你只要想一想他是谁就能明白这一点，"杜尔塞接着说，"作为这家公司的首席执行官，他当然能够用笔记本计算机办公，保持社交距离，并待在家里。

可是，他是那些在食品加工厂上班的工人的领导，而他们的工作环境拥挤不堪。你能想象得出他多么脱离实际吗？我一直认为，所有的事情都可以事先做计划，因而许多事情不需要我参与。因此，我此前从来没有做过社区活动组织者，也从来没有把自己看作民权积极分子。我从来没有想到，我本人会在我的家乡举行抗议活动。想到几周前，我们开车到史密斯菲尔德公司进行抗议，我觉得不可思议。"

担任社区活动组织者并积极组织活动才几周的时间，由于此前没有这方面的经验，杜尔塞感到有些困惑。

杜尔塞表示："有时候，我会问自己，我们的要求是不是太过分？我们做错了吗？之所以我会这么想，是因为有许多人发表了他们的看法，希望我们觉得自己错了。我想到了美国职业安全与健康管理局，思考了为什么我们的一些主张被认定为无效。我想到了州长以及他与我们相处的方式。在我们对话的时候，他的态度非常轻蔑。我们看问题的方法与其他人都截然不同吗？其实，我们的主张都是基本的人权问题，并不是离谱的要求。所以，你有时候会对自己的心智是否正常产生怀疑……"

我已经不再做记者了。随着年龄的增长，不做记者让我觉得越发轻松。我告诉我的学生们，在写批评政客或机构的报道时，一定要记住，那些年长的所谓领导人，他们的伎俩就是操纵年轻人。"不要让他们从你的身上获取那种力量。"我这样告诉我的学生们。

杜尔塞接着说："这是一种感情上的折磨。如果有什么收获的话，那就是工人们能够意识到发生了什么，意识到他们是多么脆弱、无力和无助。我认为，作为工人阶级的子女，受过高等教育之后，我们能够给父辈提供看问题的新角度。这样的话，我们就可以帮助他们在更大的体系内看待自己和自己的劳动。毫无疑问，这么做改变了我与我父亲的对话。我想，他现在看待问题时，会有不同的看法。我们都意识到，如果我们不努力做一些事情的话，事情将变得更糟。现在，至少我们做了一些事情。"

位于内布拉斯加州克里特镇以东登顿村（Denton）的一块历史事件纪念牌，上面介绍了当地建立"平民保护团"①的历史

---

① "平民保护团"（Civilian Conservation Corps）是美国在 1933 年至 1942 年，对 19 岁至 24 岁的单身救济户失业男性推行的以工代赈计划，是罗斯福新政的一部分。——译者注

生活多美好

那个周五的下午，我来到艾奥瓦州的丹尼森镇（Denison），一个被我称为"家"的地方。当时，华尔街股市当天的交易刚刚结束，道琼斯指数报收于 25 871.46 点。那一周的周一，美联储再次做出"英雄"举动，推高股市。当时，由于新型冠状病毒肺炎确诊病例数量上升导致股市下跌，因此美联储宣布，将"开始购入广泛和多样化的公司债券投资组合，以提高市场的流动性和大型公司获得信贷的可能性"。简而言之，美联储告知市场：将有更多的自由资金。消息公布后，股市随即暴涨。这是美联储多次不同寻常的举措之一，目的是为投资者阶层提供支持：美联储的计划涉及市政债券、房贷、商业票据和公司债券。每当股市暴跌后，美联储就甩出一些"糖果"。美联储周一宣布的计划，是向公司注资的最新措施。批评人士认为，这将造成"选择赢家和输家的危险"。

也就是说，该计划将使社会中的某些群体受益，但同时会损害其他群体的利益。这意味着，亚当·斯密（Adam Smith）的经济学思想并没有被准确地应用。美联储在帮助华尔街，然而谁在帮助"中心街"①（Main Street）的小商户呢？

丹尼森镇的传统商业区，名称不是"中心街"，而是"百老汇街"（Broadway）。我一直认为，这是一个激励人心的街道名称。丹尼森镇距艾奥瓦州与内布拉斯加州之间的边界大约45英里，有大约8000名居民，工业以肉类加工为主。2003年，也就是17年前，我曾在这个传统商业区面临困境的小镇居住了一年。因此，我这一次是故地重游。入驻宾馆后，我开车到镇上的中心区，然后在"百老汇街"和一些小街道上步行。我看到，那家中餐馆的内部已经搬空，门前窗户上张贴的"出售"两个字已经褪色。不见踪影的最大一家商店是"拓普康"（Topco）药店。其实，我知道这家药店已经倒闭，但它的消失仍然令我感慨万千。我记得，在我上次在小镇居住的最后几天，这家药店宣布即将闭店，窗户上贴出了"所有商品降价25%"的甩卖广告。在我离开小镇前，药店老

---

① "中心街"指小城镇和乡村的商业街，同时又比喻小商户、小企业。这一概念与华尔街以及大型金融机构相对应。——译者注

板、药剂师克雷格·怀蒂德（Craig Whited）告诉我，22年前他开店的时候，一切都完全不同。就商业回报而言，1982年已经与2004年大相径庭。1992年，沃尔玛进军这座位于博耶河（Boyer River）岸边的平原小镇，克雷格的药店的销售额很快就下降了5%，不过他坚定地与沃尔玛竞争。然而，沃尔玛的人员通过到垃圾箱寻找克雷格药店的购物小票，获取顾客信息，试图把克雷格的药店挤垮。克雷格得知这一情况后怒不可遏，同时也想尽办法使自己的经营更具创新性。药店倒闭前，他每天工作超过9个小时，晚上很晚的时候还在因为经营方面的事情打电话。他无法找到接手的买家，这是因为，即使他的要价很低，也没有人会愚蠢到要买他的药店。每个人都明白，一旦接手，就意味着每周的工作时间至少为70个小时，而酬劳仅与一份中等收入的工作相同。此外，我还看到一些店铺存活了下来，它们的数量出乎我的意料。这些店铺包括雷诺德服装店（Reynold's Clothing）。我不知道这家店以及其他幸存的商店如何在疫情中经营。同时，我还看到了一些待售的商业房。

　　我这次之所以回到丹尼森镇，是因为它是克劳福德县（Crawford County）的首府，而该县已经成为美国新型冠状病毒肺炎疫情的热点地区。根据《纽约时报》（New York Times）

丹尼森镇的商业房销售广告

2020 年 6 月公布的数据，克劳福德县在美国感染率最高的 50
个县中排名第 23 位，克里特镇所在的萨林县位居第 20 位。
克劳福德县的感染率为每 10 万人中有 3362 人感染，而纽约
市的感染率为每 10 万人中有 3610 人感染，两者不相上下。
我与这个县的人们有亲近感，在这里会感到宾至如归，但这
并不仅仅是由于那些惨淡的对比数据。我把丹尼森镇称为
我的"家"，但这个"家"与普通意义上的家不同。对我而
言，随着年龄的增长，家的概念变得越发具有流动性。我同
意保罗·鲍尔斯①（Paul Bowles）对待人生的态度，即我们中
的一些人，命中注定要成为旅行者。旅行者既不是游客，也
不是家园的守护者，他们会持续不断地移动，虽然速度非常
缓慢。但在某个地方居住一段时间后，他们就会把那个地方
称为"家"。由于某种奇怪的原因，我在丹尼森镇生活了整整
一年时间。简单说来，我的那段经历是这样的："9·11"恐
怖袭击事件之后的一天，我和我之前的编辑詹姆斯·菲茨杰
拉德（James Fitzgerald）在曼哈顿的一个酒吧畅饮，我们俩都
喝醉了。詹姆斯在日晷 / 双日出版社（Dial/Doubleday）做编

---

① 保罗·鲍尔斯（1910—1999），美国小说家、作曲家、旅行家、编
　剧、演员。作品有《遮蔽的天空》（The Sheltering Sky）等。——译
　者注

辑时，出版了我参与撰写的《无处可去的旅程》。后来，他成为一名文学经纪人。吉姆①（Jim）不久前去世了，他是个了不起的天才，能够把图书出版变得有趣。他当时告诉我，"9·11"恐怖袭击事件之后，关于小镇生活的图书将会受到追捧。他鼓动我在这方面努力。于是，我们就在餐巾纸上潦草地写下了一些主意。一周后，我的电话铃声响了。吉姆告诉我，一家大型出版社的一位编辑，希望出版一本关于小城镇的图书。吉姆告诉那位编辑，他正好有合适的资源。最终，我得到了6位数的预付款，去写一本关于小镇生活的图书。出版社的要求是，我必须选一个我此前没有去过的小镇。然而，合同签订一周后，那位编辑被开除了。如此一来，用出版界的话来说，我成了"孤儿"。当时，我已经在出版界工作多年。我明白，在推销我将要写的那本书方面，那家出版社不会再做任何努力。不过没有关系，毕竟预付款已经打到我的账户里了。

签订合同后，我开始寻找合适的目标。我希望找一个有大量移民和肉类加工厂的小镇。于是，我就在网上点开了大约6个小城镇的网站。当我点开丹尼森镇的政府网站后，一张水塔的照片映入眼帘。照片上还写着"生活多美好"。知名

---

① 吉姆是詹姆斯的昵称。——译者注

女演员唐娜·里德（Donna Reed）在这座小镇长大，她和著名男星詹姆斯·史都华（James Stewart）联合主演了《生活多美好》(It's a Wonderful Life)这部圣诞题材的经典电影。随后，我又发现了另外两个信息：一是这座小镇有大约3000名拉丁人后裔，占小镇总人口的三分之一。二是一年前的秋天，一辆卡车从俄克拉何马州把粮食运送到丹尼森镇，准备装入粮仓。当一名工人打开车辆的一个仓口时，他闻到了一股恶臭。那名工人壮着胆子朝里看，发现了11具尸体。事后查明，一个"蛇头"安排那些人在6月份从得克萨斯州偷渡入境，但从来没有人打开仓口让他们出来。

移民开始涌入美国中西部地区的时间，要比上述事件早十几年。当时，该地区的肉类加工厂因为破坏工会和增加劳动强度，导致许多白人工人离职，进而产生了一些工作机会。上述移民惨案发生后，与其他有大量移民涌入的小镇一样，丹尼森镇的气氛更加紧张。动身之前，我打了几个电话。我很快了解到，那11具尸体被发现之后，丹尼森镇的人们陷入了更加深刻的反思之中。了解了一些信息之后，我收拾好行李，驾车向这座艾奥瓦州的小镇进发。吉姆总是有一些别出心裁但又合情合理的主意，他建议我首先去墓地，看一看哪个人的墓碑最大。在他看来，最大的墓碑应该对我有特别的意义。入驻一家廉价宾馆之后，我做的第一件事情就是驱车赶往当地的墓地。到达之后，我找到了最大的陵墓，它的主人是莱斯利·肖（Leslie Shaw）。三个晚上之后，我就睡在了莱斯利·肖生前居住的公馆里，不过公馆已经破败不堪。莱斯利·肖生前曾担任过艾奥瓦州的州长，随后还在1901年至1907年担任西奥多·罗斯福（Theodore Roosevelt）政府的财政部长。我的住处上方原本是个舞厅，最近变成了一个非法制造毒品的场所。那座公馆经常闹鬼，尤其是那一年的冬天。

我能够住进那座公馆，得益于内森·马尔特（Nathan Mahrt）。内特①（Nate）是本地居民，在一所中学教授工业技术课程。他见多识广、经验老到，不但对当地历史了如指掌，还与那座公馆现在的业主相当熟悉。他经常说，是丹尼森镇选择了我，而不是我选择了它。如果把他的说法看作一个主题的话，这个主题在我后来的生活历程中反复出现。在我居住在这座小镇的一年时间里，我把自己融入小镇的方方面面：拉丁裔工人、商业团体和政治等。简而言之，就是融入一个中西部小镇的生活当中。我的这段经历，可以说是对多年之

---

① 内特是内森·马尔特的昵称。——译者注

后《小城畸人》①（*Winesburg, Ohio*）所描述的美国小镇生活的真实反映。我离开丹尼森镇之后，内特在 2005 年被选为镇长，当时的计票结果是 1076 票对 733 票。

我与内特一直保持着联系。作为政治人物，他对我所记录的社会问题一直保持关注。在丹尼森镇，白人分两类：一类不喜欢移民；另一类则认为，移民的涌入给丹尼森镇带来了活力，否则它或许将成为又一个垂死挣扎的中西部小镇。内特属于第二类白人，他在 2017 年 2 月 28 日给我的邮件中写道：

> 我居住在"特朗普镇"②，这里的人们丝毫没有意识到，如果没有移民，当地经济将不复存在……每个人都再次成为犯罪嫌疑人。国情令人忧伤：新闻自由是我们民主的标志，但目前陷入泥潭。从这个方面看，我们正处于光滑的斜坡上。我希望搬到伯

---

① 《小城畸人》是美国作家谢伍德·安德森（Sherwood Anderson）创作的短篇小说集，首次出版于 1919 年。故事背景设在俄亥俄州温士堡镇（Winesburg）。——译者注

② "特朗普镇"（Trumpville）是个虚构的地方，居民都是特朗普的狂热支持者。——译者注

利兹（Belize）生活……古巴太近了。

内特

我这一次抵达丹尼森镇后，与内特在他家的后院见面。他和妻子仍然在考虑搬到伯利兹居住，或者搬到葡萄牙——他们最近选定的理想居住地。

"你看，当你上次住在这座小镇时，没有人谈论要把移民送回去。特朗普当选后，情况就不同了。他开始胡说八道，我们中的一些人也从梦想家变成了坚信'我们应该把那些移民者送回老家'的人。这就有了巨大变化。"内特说。在这种情况下，拉丁裔开始抛售房产，看好长远发展的移民明显减少。"他们不愿意投资，因为他们觉得自己随时有可能被踢出美国。这就会损害'中心街'。他们不愿意在这里花钱，因为他们觉得自己'不属于这里'。你不会相信孩子们在学校的待遇相差有多么巨大。许多移民认为，他们的未来在墨西哥而不是在美国。他们想在这里接受教育，然后回到墨西哥。这里的前途渺茫，他们的未来已经不再是这里。"

这就是新型冠状病毒肺炎疫情袭来时的社会背景。此前，由于白宫对移民的抨击，丹尼森镇已经受到伤害。内特担心，新型冠状病毒对经济的影响将再次打击这座小镇，进而造成又一次危机。自从商店被勒令停业之后，以前光顾"百老汇街"的顾客一直在网上购物。

"以前的线下顾客现在转为线上，他们甚至在网上购买沃尔玛的商品。相当多的人告诉我，由于担心店内购物有风险，他们决定在网上下单，然后到沃尔玛取货。这样的话，谁将赚得盆满钵满？显而易见，是贝佐斯和沃尔玛。就像他们计划的那样。"

他举例说，镇上"百老汇街"的那家雷诺德服装店被命令暂时闭店，但沃尔玛正常营业，理由是沃尔玛卖食品。我在加利福尼亚州也看到了类似现象。人们在连锁超市巨头塔吉特（Target）购物，不过不是在买食品，而是买衣服。即使保持社交距离，服装店也不允许开门，这令人匪夷所思。

"无法在雷诺德服装店购买衬衫，但在沃尔玛可以，这件事情真是荒唐可笑，"内特说，"我想买一件衬衫，但雷诺德服装店被迫关门，所以我只能在亚马逊购买。"当我上次在这座小镇居住时，我经常听到内特把沃尔玛称为"撒旦的地狱"（Satan's Hollow）。他担心，人们会改变购物习惯，那样的话，雷诺德服装店以及其他命悬一线的商店将必然消亡。"未来的情况将与疫情前大相径庭，实体店的顾客数量将永远不会恢复到以前的水平。"

内特

疫情还将在其他方面给像丹尼森这样的小镇造成打击。例如，网上购物的流行以及实体店的倒闭，将导致政府的营业税收入大幅降低。艾奥瓦州不存在"本地选择销售税"，也就是说，禁止地方政府把销售税调高到6%以上。因为按照艾奥瓦州法律的规定，最高税率为6%。

"由于不能征收'本地选择销售税'，地方政府只能依靠房产税。由于公职人员不会减少，为了保证财政收入，地方政府就必然调高房产税。房产税上升之后，退休人员以及在职员工都会深受其害。"

我问道，如果房产税被调高，人们会不会抗议？内特面露嘲讽，笑了起来。

"你忘记了，艾奥瓦州的人们具有非常强大的被动攻击性，即'艾奥瓦人的两面性'。"内特说。他是在谈论我多次见到的真实事情。人们在你面前满脸堆笑，背后却破口大骂。然而，如果人们怒不可遏，这就意味着他们将面临至关重要的选择。

"未来几年，我们将面临这样的选择：我们'需要'什么，以及我们'想要'什么。我们想要所有的东西，但是，我们需要吗？要知道，我们没有足够的财力去得到我们想要的所有东西。我们需要那座会议中心吗？"他是在谈论丹尼森镇花巨资建设和维护的"巨石会议中心"。"我们需要 15 名警察吗？"

当我撰写关于丹尼森镇的故事时，我把这个小镇当作美国的缩影。现在我还是这种看法。要知道，大都市纽约也面临同样的问题。纽约警察局真的需要 3.6 万名警察吗？

"除非政府消减自身的规模，否则房产税肯定要上调，"内特说，"所以，我们需要 15 名警官吗？或者是需要 7 名？他们希望任何时间都有 2 名警察值班，那是他们想要的。然而，我们以后将按照'需要'而不是'想要'来做决定了。"

在内特家房子旁边的院子里，我们坐在一张桌子旁边谈话。这时，从远处的史密斯菲尔德肉联厂传来了一阵咆哮声。我上次居住在这座小镇时，那座工厂的名字叫作"农场肉联厂"，那里每天屠宰加工生猪 9400 头。

内特说："4 月中旬时，我有时候会来到这里。当时这里特别寂静，你能够听到三个街区之外的鸟鸣声。那时候，许多人不敢上班。有一段时间，上班的工人只有 400 人，而正常情况下为 1800 人。当时，人们害怕新型冠状病毒会杀死每个人。在 4 月份，史密斯菲尔德公司的工人如果不缺勤，就可以获得 500 美元的奖金。在这种情况下，工人们应该如何选择呢？"

　　史密斯菲尔德公司把这种奖金称为"责任奖"。这家公司的公告称，"责任奖"是"谢谢食品工人"计划的一部分。公告表示："4 月份全勤的工人将获得'责任奖'，新型冠状病毒感染者或密接者不计缺勤。"但是，这不是重点。关键问题是，公司用金钱引诱工人上班，而工人上班时很可能染病。"这太荒谬了，"内特说，"我真希望这项规定的制定者受到惩罚。"

印第安纳州珀鲁镇 24 号公路旁的广告牌

扬斯敦

YOUNG-STOWN

第六部分

我正在下沉

是说再见的时候了。

1973年12月5日，我来到共和钢铁公司（Republic Steel），

晚上11点至次日早上7点上班。

年轻的我并无奢求，

只希望挣一点钱，

然后离开这里成为，

一名山人。

我来到这里寻找工作。

但我发现的是……

能力——能够减轻母亲的负担，

抚养三个孩子，

获得安身之所，吃饱，穿暖。

我养成了良好的生活习惯，

结识优秀的人，

结交新朋友，

完成他们认为不可能完成的事情。

向年长者学习，

发挥自己的才智，

促进个人成长，

尽力让客户心满意足。

现在，我马上就要离开，

希望能找到新的工作，

并发挥自己的特长。

然而，我碰到的最令人惊奇的事情，

是人们对工作的不同态度。

对我而言，讲述具体细节，

或责怪企业为什么会倒闭，

已经毫无意义。

没有任何一个政府能够通过法律，

确保企业不倒闭。

也没有任何的合同能够保证员工永远不失业。

比尔·H

2003 年 4 月 27 日

上述内容，写在共和钢铁公司哈泽尔顿（Hazelton）钢铁厂废墟的一块绿色黑板上。该废墟位于俄亥俄州扬斯敦市。照片由纪实摄影师保罗·格里利（Paul Grilli）于 2020 年 6 月初拍摄。

下面是我在扬斯敦工作时的部分现场工作笔记，时间为 2018 年 8 月：

—通用汽车公司刚刚迫使其洛兹敦（Lordstown）工厂的 1400 名员工下岗。医院关闭，1000 多人下岗。

—我和一位朋友的母亲站在工厂原址附近的街道旁。卡耐基宾馆。浓烟。紧张。总是有房子着火。有些事情仍然没有改变。担心又有房子着火。其实只是灌木丛被点燃。两座房子的距离之外，有个孩子在门廊遭枪击。与毒品有关。据说不太严重。

—每个人都抽烟。这里的人们很焦虑。男子在街边的货车里钻进钻出。女人走路摇摇摆摆。抽烟，抽烟，抽烟。纽波特牌香烟（Newport）。

—"在这里，阿片样物质已经成为文化的一部

一位曾经的瘾君子和毒品小贩向我演示如何包装海洛因并在扬斯敦街区售卖

分，人们无法逃脱。"

——沃伦镇（Warren）"第八区"。第一个数据记

录到手机上之后。

——"51 区"。"作战区"。妓女。毒品。美国钢

铁工人工会沃伦分会（USWA 1375）周围。

亚当斯街和大西洋街附近。

——"Y- 镇"

——克兰菲尔德镇（Klanfield）

——波兰镇（Poland）的警察对外地人很恶劣，

尤其是黑人。他们会盘问你。

对以上工作笔记的解释和补充：2019 年 3 月 6 日，通

用汽车公司永久性地关闭了其位于扬斯敦西北部的洛兹敦工

厂。最后 1500 个工作岗位不复存在。1983 年我在扬斯敦写报
道时，平均每天有一座房屋着火。现在仍然有许多火灾事故。
我正在这座工厂原址的附近与一位女士交谈，突然看到浓烟
升起。她很害怕，但后来发现，其实是一位邻居在焚烧灌木
丛。扬斯敦的人口从最高峰的 16.8 万人，减少到仅有 6.5 万
人。美国钢铁工人工会沃伦分会，代表着这座位于马霍宁山
谷（Mahoning Valley）地区的最后一家综合钢铁厂的工人，它
为他们争取利益。2017 年，当马霍宁山谷地区的最后一座高

扬斯敦南部斯特拉瑟斯镇（Struthers）一家咖啡店的价目表
（2018 年）

炉被拆除并当作废铁卖掉之后，沃伦钢铁厂退出了历史舞台。
"第八区"是沃伦镇的一个街区，沃伦镇位于扬斯敦的北面。
克兰菲尔德镇是当地人对坎菲尔德镇（Canfield）的俗称，
那里居住着许多保守派的白人。波兰镇是扬斯敦南部的一个
小镇。

一座破产钢铁厂的储物柜上面粘贴的贴纸（作者于 1983 年收集）

扬斯敦建设了新城，部分是得益于政府拨款、贷款和减
税。这些政策实际上对私人企业有利。新城的第一个项目是
2005 年对外开放的柯维里中心（Covelli Centre）。这座多功能
中心的建成得益于国会议员詹姆斯·A. 塔菲康特（James A.
Traficant）的临别赠款。他曾在扬斯敦担任警长，与犯罪组织
有牵连。1983 年，我曾采访过他。他对我说："我的处境一直
很危险，戴尔……老实说，这种感觉很糟糕！"后来，他在
担任更高职务的时候被联邦政府指控腐败，被判有罪并入狱。
在担任国会议员的最后一段时间，他为这一项目争取到了美
国住房和城市发展部的重建拨款，金额为 2600 万美元。扬斯

敦新城的建设于 2018 年结尾。那一年，扬斯敦钢板和钢管厂的原总部大厦，被希尔顿（Hilton）酒店集团翻新改造成了一座四星级希尔顿逸林酒店。这一项目从政府获得了 200 万美元的过渡贷款，这有可能来自该市的供水和排水基金。此外，扬斯敦还实行了为期 10 年的 75% 减税计划，联邦和州的历史税收被抵免了 900 万美元。得益于这笔资金，新城建设了一些高端场所，其中包括"V2 酒吧和意式餐饮店""燕麦工艺啤酒和威士忌酒吧""搞笑农场喜剧俱乐部"以及一个复式结构的住宅大楼，这座大楼的租赁广告是这么写的：

威尔斯大厦
扬斯敦主城区豪华公寓大楼
"租金低至 950 美元"

作为广受赞誉的"科技大厦"的最新成员，威尔斯大厦是主城区唯一的铺设专用高速光纤的住宅楼。每套公寓的内部装修都经过专业设计。客厅、餐厅和卫生间空间大，层间高度达到 12 英尺，采光充足。

扬斯敦是这样的一座城市，如果你在过去近 40 年曾多次到访过它，那么在 2020 年，你就不会去在意这座城市华而不实的主城区，也就是联邦大街一带了。你会注意到消失的东西，进而勾起过去的记忆：那片曾经有几十户居民的居民区已经不复存在，取而代之的是宽阔的草坪。沿马霍宁河（Mahoning River）绵延着十几英里的钢铁厂，50 000 个受到工会支持的高薪岗位消失殆尽。河流两岸的公寓已被拆除，现在是茂密的、成熟的河岸林。夫妻店林立的商业区无影无踪。如果你到灌木丛周围走一走，你会发现砖头和扭曲的金属片，好似失落文明的遗迹。《扬斯敦卫道士》（*The Youngstown Vindicator*）曾是本地的主流报纸，无数贪官被它拉下马。然而，这家报社已于 2019 年关闭，这个曾经在大街小巷的摊位和商店随处可见的、广受欢迎的报纸无迹可寻。令人惆怅的最后一件事情是，过去，俄亥俄州收费公路旁边洛兹敦工厂的停车场总是爆满，因为三班倒的工人把车停到那里，有几百辆之多。然而，那里目前只是一块占地几英亩、铺设了沥青的地面，空空荡荡，看不到一辆车。

我于 1983 年首次到访扬斯敦，后来又多次故地重游。每次来到这里，我都请约翰·拉索（John Russo）博士担任我的向导，他是扬斯敦州立大学（Youngstown State University）研究劳工问题的退休教授。后来，谢丽·林肯（Sherry Linkon）

博士也加入了我的向导队伍。谢丽是乔治敦大学（Georgetown University）的英语教授和写作课程负责人。她还负责编辑名为《工人阶级视角》（Working-Class Perspectives）的博客，每周更新一次。同时，她还是"工人阶级研究协会"（Working-Class Studies Association）的创始会长。多年以来，她还在扬斯敦州立大学授课。约翰和谢丽是夫妻，也是研究工人阶级问题的伙伴。他们共同撰写了《美国钢铁小镇：扬斯敦的工作和回忆》（Steeltown U.S.A.: Work and Memory in Youngstown）这本书。早在 1983 年，约翰就做出了预测，认为扬斯敦将不仅仅成为美国去工业化（deindustrialization）的典型代表，它还有更大的象征意义。他表示，就巨大的阶级差异而言，美国所有其他地区都将成为扬斯敦。他的预测是正确的。1995年，约翰表示，在仍然留在扬斯敦的白人当中，存在对周围环境深刻和强烈的愤怒情绪，这是非常危险的：他回顾了历史，并对未来做出了预测。我当时还对他的预测进行了记录和评论：

> 约翰认为，"第二次世界大战前，美国的愤怒与德国和意大利并无不同"。我觉得，他的这个观点是正确的，只不过美国当时的资本家允许他们被

作为民主党人的富兰克林·罗斯福总统（Franklin Roosevelt）所拯救而已。现在，约翰担心美国目前的愤怒会演变成对右翼的憎恨。他的担心不无道理，因为扬斯敦等城市的衰败预示着民众将对大资本家产生强烈不满。此外，虽然罗斯福总统有句名言：事情变得越糟，最终就会变得更好。然而，并不是任何情况下都是如此。目前的现实是，事情变得越糟，最终就会变得更糟。

事实上，我当时对约翰的预测进行了低调处理。按照他的预测，美国将不可避免地选举一个蛊惑人心的政客和独裁者当政，而我认为这种预测似乎有些牵强。然而，事实证明，他在 20 年前做出的预测是准确的。

在我驱车抵达约翰夫妇位于扬斯敦北部、只在夏天居住的家时，我急切地想听一听他们两人对疫情中的经济的看法，以及目前的经济对 21 世纪 20 年代意味着什么。见面之后，我们坐在他们家后院的一棵高大的红橡树下面谈话。那棵树的树龄有 150 年，树干周长达到 14 英尺。

多年来，当地的一个巨大变化是，在一定程度上，扬斯敦的郊区已经被迫适应了扬斯敦经受的打击。

"到奥斯汀镇（Austintown）、波兰镇和坎菲尔德镇去看一下，你会看到什么呢？大量的房屋正在出售。"约翰说，"奥斯汀镇是受洛兹敦工厂的影响，于20世纪60年代建立起来的。在奥斯汀的所有居民区，你都会看到人们在搬离。这是因为他们没有钱，无法在这里生活。他们不得不去食物赈济处领食品。你会看到，有些来自匹兹堡（Pittsburgh）的汽车在那里排队。有一天晚上，他们听到消息，就开车过来，加入等候领取食品的队伍之中。从那时起，他们经常过来。那些车并不是老爷车，而是高档车。"

"我们正在面临真正的挑战。"谢丽说，"我认为，这些挑战将持续很长时间。我们将会有经济萧条的感觉，几十万人将失去家园。"

约翰更加坚定了他1995年做出的预测，认为来自极右翼的威胁不会减弱。他说："我的预测是，特朗普将在大选中被击败。然而，我要说的是，那又怎么样？目前，就美国未来的经济、社会结构，以及城乡状况而言，我们都处在关键的临界点上。"

约翰认为，"2024年的选举意义深远"。今后几年，美国经济将遭到重创。美联储滥印货币将产生上万亿元的债务，政府则不得不增税。2021年至2024年，进步人士，或者说改革派，将与右翼独裁主义展开激烈斗争。他担心，强有力的人物将赢得大选。谢丽则持不同观点。"我天生就比约翰更乐观。尽管'大萧条'非常可怕，但它也催生了一些好的事情。"她说。她还用社会保障体系的建立等作为例子，支持她的观点。她认为，得益于"黑人的命也是命"运动，21世纪20年代很可能出现多次新的、进步性的转变。"人们不会对倒退无动于衷，不会认为'给我们一个独裁者，他会解决所有问题'。人们将会对这种趋势进行强烈反抗。"不过，她确实担心，"黑人的命也是命"运动会像"占领华尔街"运动一样，以失败告终。

约翰说："谢丽和我的看法的不同点在于，我认为，2021年至2024年，是美国政治力量进行激烈争夺的重要阶段，你将看到某种政治体系的消亡和其他政治体系的诞生。但我们还无法确定，究竟将要发生什么。"

我们三人所处的地方令人心旷神怡，这与我手机里面的那两张照片给人的感觉迥然不同。然而，约翰夫妇仍然能够感受到那两张照片给人的凄凉感。正在这个时候，知更鸟在高大的红橡树上面叫了，遥远的雷声从西面传来。

"我最近出版了一本书，这两张照片是书中许多故事的涂鸦版本。"谢丽说。2018年，她出版了《去工业化的半条命：

对工人阶级关于经济结构调整的文学作品的分析》（*The Half-life of Deindustrialization: Working-Class Writing about Economic Restructuring*）。在这本书中，谢丽分析了工人阶级的第二代和第三代在关于经济结构调整方面创作的小说、短篇故事、电影和诗歌。"在很长一段时期内，研究去工业化的学者主要谈论减少制造业的过程。而我要谈论的一部分内容，我称之为'去工业化的半条命'。它是指这样一个事实，即工人阶级的第二代和第三代子女无法逃脱他们的宿命。这种宿命就是他们的现实，是他们生活的全部和他们的一生……这让他们感觉到，'我们从刚开始就完蛋了，我们生而贫贱'。"

"那只是问题的一个方面，"约翰说，"我们不知道那个涂鸦是谁写的。如果是个年轻人，那么那个涂鸦就准确反映了你所说的问题。还有一种可能，也许是一个生活一直很悲惨的年长者写的。"

谢丽说："我觉得第二种的可能性不大。部分原因是，如果是一位年龄较大的人，他想要表达的意思应该是'我过去所有的事情都做对了，但现在完蛋了'，这和'我自出生起就完蛋了'是不一样的。"

关于那座废弃加油站外墙上的褪色美国国旗，约翰第一个发表了看法。

"这种反差，使人们更加关注美国梦的讨论。美国梦在哪里？或者用 15 年前的说法，美国梦其实是'美国噩梦'吗？这张照片显示了一种虚无主义。它很灰暗，是另外一种'现在怎么办？'的困惑。你们知道，美国梦是这样的：我接受了教育，应该去做美好的事情。但是，现实与想象迥然不同。你不得不发出这样的疑问'现在怎么办？'"

谢丽说："美国梦给人一种'如果我有了大学文凭，我就会很好'的感觉。我觉得，我在扬斯敦州立大学教学时，相当多的时间是设法告诉学生，美国梦是有缺陷的，并且他们处于生而贫贱的状态。"她是指给钢铁工人的第二代和第三代子女上课的事情。

> 学生们奋力反抗命运的不公。他们会说："不，我能够改变命运。我将努力工作，花时间提升自己，积累财富。我将竭尽所能，做一切应该做的事情，以摆脱命运的羁绊。"他们过去常常对我感到不满，因为他们觉得："你所告诉我们的就是，我们毫无希望。"我则告诉他们："并不是我认为你们没有希望。我只是想让你们明白，如果你们将来的生活并不如意，很可能并不是你们的错。不是因为你们没有奋

力拼搏，也不是你们不够聪明，而是社会制度的问题。"学生们则不想责怪社会制度。对年轻人而言，他们不得不相信，他们拥有控制生活的力量。

当我提及 2018 年我和约翰在这棵红橡树下面的那次谈话时，突然下起了大雨，我们被迫回到室内。由于担心感染新型冠状病毒，我坐在约翰夫妇对面的沙发上，与他们保持着较远的距离。由于可恶的病毒，我们不得不采取这种流行的社交方法。2018 年我和约翰见面时，谢丽还在华盛顿。回想我们两人两年前的见面，约翰告诉我，两年后我在沙漠地区那座废弃的加油站看到那张涂鸦的内容，似乎冥冥之中已经注定。两年前，我来到扬斯敦，调查一个播客的内容。那个播客讲述了扬斯敦地区大量因为滥用阿片样物质而死亡的案例。虽然播客是以讲故事的形式播出的，但对故事的真实性几乎没有掩饰。那年夏天，我与约翰见面，询问他对那场危机的看法。

"这属于表观遗传学。[①]"约翰表明了他的看法。

---

① 表观遗传学（Epigentics）是研究在基因的核苷酸序列不发生改变的情况下，基因表达的可遗传的变化的一门遗传学分支学科。——译者注

达尔文（Darwin）当然在进化论方面占据主导地位，但在其他一些方面，拉马克①（Jean-Baptiste Lamarck）似乎是正确的——有些特征是遗传的。亚特兰大（Atlanta）埃默里大学（Emory University）的神经生物学家和精神病学家克里·雷斯勒（Kerry Ressler）曾经用小白鼠进行试验，证明了拉马克理论的正确性。在克里·雷斯勒的试验中，试验人员让老鼠闻乙酰苯的气味，这种气味与樱桃和杏仁的气味类似。同时，试验人员电击那些老鼠。这样的话，那些老鼠就把乙酰苯的气味与电击联系在一起，即使在没有电击时也是如此。试验人员让老鼠繁殖了后代，发现第二代和第三代老鼠对那种气味会产生同样的反应，即使是那些体外繁殖的老鼠也是如此。试验表明，某些 DNA 上的受体能够"学习"创伤。而在现实生活中，过量使用阿片样物质的是钢铁工人的第二代和第三代子女。

"我想弄明白，为什么他们与我在 20 世纪 80 年代遇到的人们有那么大的差别。"约翰说。他是在谈及钢铁厂关闭后的自杀和家庭暴力现象。他说，表观遗传学，以及钢铁工人的

①　拉马克（Jean-Baptiste Lamarck）是法国博物学家，生物学伟大的奠基人之一。他最先提出生物进化的学说，是进化论的倡导者和先驱。——译者注

后代在长大过程中，他们的家庭所面临的压力，能够解释许多问题。这就是"先天与反后天"。"没有人谈论那些负面的东西是怎样以不同形式内化，然后又是怎么在第二代人身上表现出来。这些人已经放弃，不抱任何希望。他们给自己使用镇痛类药物，脱离社会主流。这么做就是要抹灭身份和社群，不再参与社群活动。"

2009 年，我再次来到扬斯敦。那一次，我是为了寻找希望。事实上，我找到了伊恩·贝尼斯顿（Ian Beniston）。1983年 3 月，当扬斯敦的钢铁厂纷纷关闭时，我第一次到访扬斯敦，而伊恩是在我到达前的一个月出生的。当时，由于美国钢铁公司（U.S. Steel）位于俄亥俄州的工厂关闭，伊恩的父亲成了 3500 名失业工人中的一员。长大成人后，伊恩去了外地。2009 年我们见面之前，他刚刚回来不久，他希望建设和改变他的家乡。他制订了计划，准备修缮旧房屋，拆除无法修缮的房屋，进而改造破败不堪的社区。他告诉我，扬斯敦的居民分三种类型：相信工厂还会再回来的老前辈；被击败的、心灰意冷的人；像他那样想彻底改造城市的人。他脚踏实地，先从一个名为伊多拉（Idora）的社区开始改造，而不是好高骛远地在整个城市铺开他的计划。伊恩成立了一个非营利组织，名称为"扬斯敦社区开发公司"。几个月后，当我在 2009 年再回到扬斯敦时，情况已经好了很多。许多住房正在翻新，无人居住的房子正在被拆除，空地被花园和绿地取代，还有的地方种植了蔬菜等农作物。

在我 2020 年开始横跨美国的旅程之前，我给伊恩打了

伊恩在扬斯敦社区开发公司门前

约翰·拉索

电话，询问洛兹敦工厂关闭和疫情暴发后，扬斯敦处于什么
状况。

"这是个难以回答的问题，"他边说边尴尬地咯咯笑着，
"对我们来说，事情将像以前一样困难，不会变得轻松。你的
朋友约翰·拉索告诉说，我们将枯萎和消亡，做什么事情都
于事无补。"

那天上午，当我把车停到"扬斯敦社区开发公司"总部
的时候，约翰就站在伊恩身边。这家公司管理着一个卡车车
队和一个面包房，总部安装了几排太阳能电池板，供应部分
电力。该公司有20名全职员工，公司资金来源为赠款以及出
租翻新后的独立房屋和公寓获得的租金。从我2009年到访扬
斯敦开始计算，这家非营利组织已经翻新了150座空置的建
筑物，修缮自住房500套。除此之外，伊恩说："我们还为社
区做了许多其他基础性的工作，如翻新人行道、整修城市公
园、种植几百棵树木，还清理了几千座空置的房产。"2009年，
扬斯敦有4578座废弃的建筑物，而现在只有1800座。该公
司制订了"智慧收缩"计划，挽救人气较好的社区，同时把
一些社区改造为绿地。

当伊恩领着我参观时，约翰要求和我们一起。在这个过
程中，伊恩向约翰发起了挑战。他对约翰说："你认为我们应

该卷起铺盖走人，扬斯敦应该关闭。"当他们两人进行讨论时，我并没有把他们的交流简单地看作一个满怀希望的年轻人与一个看清丑恶现实的年长者之间的对话。实际上，他们的对话涉及更深层次的问题。

"你认为我不会说扬斯敦的好话，"约翰说，"但你彻头彻尾地错了。"

约翰说，他和妻子谢丽曾被邀请参加世界银行的一个会议，讨论去工业化给相关社区带来的问题。"参会者当时在研究西弗吉尼亚州（West Virginia）、南非和波兰的采矿业，以及相关社区如何生存。最后，一个参会者表示，'我想，我们应该放弃，并把那些社区的人们搬迁到他们国家的其他地方。'对此，我说，'那么，恢复性工程呢？'"约翰表示，他赞赏伊恩的非营利组织的所作所为，但他补充道："长期来看，我不知道你们的做法在经济上来讲是否可行。我认为，恢复性工程，关键在于就业问题。如果无法创造并维持就业岗位，我们将遭受打击。"他还表示，疫情下的经济将带来更多困难。"这个社区的许多人在服务行业工作。他们能够重新获得零售和服务工作吗？这是一场创造并维持工作岗位的斗争，并且这场斗争的范围将宽泛得多。这是因为，扬斯敦的故事，将继续成为美国的故事。"

　　对此，伊恩用禅宗的思想加以回应：他不可能改变美国，但可以改变伊多拉社区以及其他一些社区。控制能够把握的事情，就可以了。他的非营利组织没有能力带来新的行业或其他工作机会，但能够让这座城市变得有吸引力。"在你到来之前，我告诉约翰，我们应当让这里的基础设施步入正轨。如果扬斯敦杂草丛生，别人会把公司设立在这里吗？难道我们连把坑坑洼洼的路面填平都做不到吗？我认为，疫情带来的好处之一是，人们再次意识到，在就业方面，地点并不是真的很重要。"他指出，有两个见解独到的人从加利福尼亚州来到这里，在伊多拉社区买房，逃避西海岸的高房价，其中一个还住进了豪宅。按照计划，伊恩要带领我们参观伊多拉社区房屋改造的情况。于是，我们三人戴上口罩，坐进约翰的汽车。我们打开车窗后，约翰驾车载着我们上路。在行驶过程中，伊恩给我们指出哪些是他们修缮的住房。我看到，他们修缮了许多住房，有些是砖瓦结构，有些面积相当大，还带有实木地板和精美的木工制品。伊多拉社区毗邻占地 4500 英亩的米尔溪公园（Mill Creek Park），公园内有池塘和大片的树林，颇具田园风情。公园旁边的一座豪华别墅正在挂牌出售。它有四间卧室、三个半卫生间，占地四分之三英亩，要价 10 万美元。在加利福尼亚州沿海地区，这样的别墅价格超过 100 万美元。伊恩说："在这个社区，花 6 万至 9 万美元就可以买到房子。如果我们能够创建高质量的社区，这里的资产就可以被充分利用，就会升值。我们的策略是稳扎稳打，步步为营。"

伊恩表示，有些问题十分严重，他们鞭长莫及。他说："我并没有解决所有问题的万能药。我们可以确定的是，许多居民一无所长。他们没有驾照，甚至没有完成高中学业。"所以，一些社会问题必须得到解决。"人口统计数据表明，在扬斯敦的南区（South Side），在处于劳动年龄的黑人男子中，超过 50% 失业。为什么会出现这种现象？"

伊恩创立的这家非营利组织进行了多种努力，其中之一是发展城市农业。然而，这项工作失败了，他们不得不放弃。"城市农业真的无法创造就业。"伊恩说。这是一件令人失望的事情，因为在城市中心区的许多地方，发展城市农业似乎是可行的解决方案，至少可以带来部分收入。伊恩表示，这项工作失败有诸多原因，其中包括由于地块分散而无法实现规模效益。这是一项劳动密集型工作。市区之外有大面积的农业用地。此外，扬斯敦毕竟不是纽约，这里的许多地块杂草丛生。针对这一问题，伊恩说："关于空地，我告诉人们，应该在那里种树或绿化成草坪，因为修剪草坪要比处理杂草容易许多。"

我们还谈论了扬斯敦郊区日益衰败的现象。在已经关闭的通用汽车公司工厂附近的奥斯汀镇，房子主要是在 20 世纪 60 年代建造的，大部分的地基是 900 平方英尺的水泥板。伊恩认为，那些房子无法翻新。在那些房子所在的郊区，腐朽和荒废的幽灵已经显现。"我们在扬斯敦采取了一些措施，这些措施值得周围六个县的许多地区效仿。"伊恩说。扬斯敦周围有许多废墟，其中包括附近宾夕法尼亚州（Pennsylvania）的沙龙（Sharon）和纽卡斯尔（New Castle）、北面的沃伦镇、南面的马霍宁河沿岸地区、俄亥俄河（Ohio River）下游一带。伊恩说："在东利物浦镇（East Liverpool），一半的地方看起来像爆炸后留下的废墟。"

伊恩缺乏资金，所以工作重心只能集中在伊多拉和其他一些扬斯敦的社区，无法延伸到上述其他县的广大地区。伊恩创建的非营利组织在多个社区展开工作，但占据核心地位的是有 30 个街区的伊多拉。

在我们的乘车参观接近尾声时，伊恩笑容满面。这是因为，在参观过程中，透过汽车的挡风玻璃，他看到了经过他们改造的 30 个街区的漂亮市容。他说："转过弯之后，你们将会明白我们为什么要在这里翻新房屋。其实，这一街区的其他地方基本保持原样。我们不希望一个街道有 9 座或 10 座废弃的房屋，否则我们就不得不将它们拆除。这种办法取得了良好效果。当我们通过前面的一段街道时，你们就会亲眼看到我们是怎么做的了……"

如果 20 年代是 30 年代

IF 20S
ARE 30S

第七部分

如果 20 年代是 30 年代

……当共和国变得过于沉重而无力忍受时，恺撒将扛起它；当生活变得令人憎恶时，就会涌现力量。

摘自罗宾逊·杰弗斯（Robinson Jeffers）[①]的诗歌《被打破的平衡》（*The Broken Balance*）；被引用于詹姆斯·罗蒂（James Rorty）[②]的著作《生活更美好的地方》（*Where Life is Better*）

1935 年 2 月 27 日下午 2 点多的时候，按照加利福尼亚州帝王县（Imperial County）治安官的命令，当地警察把 44 岁

[①] 罗宾逊·杰弗斯，美国抒情诗人，作品包括《塔尔马及其他诗篇》（*Roan Stallion Tamar and Other Poems*）等。——译者注

[②] 詹姆斯·罗蒂，美国激进派作家，诗人和政治活动家。——译者注

的詹姆斯·罗蒂带到该县东部与亚利桑那州交界的地方，移交亚利桑那州警方。此前，他因被指控参与共产主义活动而被抓，并在监狱中度过了两个晚上。按照当时《洛杉矶时报》（*Los Angeles Times*）的报道，詹姆斯·罗蒂经常撰写评论文章，同时也是最近出版的、关于广告艺术的著作《我们大师的海湾》（*Our Masters Bay*）的作者。罗蒂称，作为《纽约晚间邮报》（*New York Evening Post*）的记者和纽约自由派周刊《国家》（*Nation*）的撰稿人，他正在全美各地旅行。第二天，在靠近亚利桑那州尤马县（Yuma）的一个地方，有一篇简短的报道称："有官员表示，罗蒂试图去察看由亚利桑那州社会福利办公室设立的临时难民营，但被阻止。该营地就在此地东面 5 英里的地方。"

罗蒂那一年的旅行见闻，被收录在 1936 年初他的《生活更美好的地方：理性的美国之旅》（*Where Life is Better/An Unsentimental American Journey*）一书中。他花费几个月的时间与人交谈，其中包括农民、钢铁城镇的工人以及一些知名人物，这些知名人物包括抒情诗人杰弗斯和路易斯安那州（Louisiana）参议员休伊·朗（Huey Long）。值得一提的是，在接受罗蒂的采访后不久，休伊·朗遇刺身亡。

在那本书中，罗蒂充满愤恨之情。在他去美国"大萧条"

的核心地带帝王县采访并受到治安官的恶劣对待之后，他的这种愤恨越发强烈。在书的前言中，他写下了他在旅行中听到的话："企业将会恢复生机。不远的将来，生活将会变得更好——不是不同，而是'更好'。"他还写道："在路途中，我多次让搭便车的人乘坐我的车。除少数人以外，他们对这种白日梦充满期待，这与本地商会会长的看法如出一辙。在 1.5 万英里的旅途中，我碰到的最令人恶心和震惊的事情，是美国人对虚幻的深信不疑。显然，即使我们饥肠辘辘，也无法治愈这种'疾病'。在我挖掘出的残酷真相之中，似乎没有一件（让人感到）足够严重和危险。我们的懒惰、不负责任和天真，还无法让我们去面对现实，直言真相。"

罗蒂是一战老兵，患有创伤后应激障碍。他鄙视富兰克林·罗斯福的新政，称之为"虚假的改革"。在罗蒂的所到之处，他都听到人们说，战争是解决美国经济困境的良药。他写道："95% 的人不知道问题所在，但他们知道解决问题的答案，并从骨子里坚持自己的看法。许多人告诉我：'我想，在下一次战争爆发前，情况不会好转。'在穿越美国大陆的往返旅途中，我究竟听到多少人表达了这种观点！这些人，也就是 95% 的人，没有受到社会主义、共产主义和绥靖主义教育的影响，但他们认为自己拥有解决问题的锦囊妙计。这并不是因为他们特别支持战争，而是因为他们已经放弃。虽然他们当中的有些人模糊地认识到，战争只能加深苦难，推迟问题的最终解决，但他们仍觉得战争应该能够解决美国的经济问题。"

20 世纪 30 年代中后期，美国出版了多部关于在美国旅行的纪实图书，罗蒂的著作就是其中的一本。同期出版的其他类似图书还包括：1935 年出版的谢伍德·安德森（Sherwood Anderson）撰写的《困惑的美国》（*Puzzled America*）；同年出版的约翰·斯皮瓦克（John Spivak）的著作《美国面临路障》（*America Faces the Barricades*）；1937 年出版，由欧斯金·考德威尔（Erskine Caldwell）和玛格丽特·伯克 – 怀特（Margaret Bourke-White）合著的《你见过他们的面孔》（*You Have Seen Their Faces*）；1938 年出版的路易斯·阿达米克（Louis Adamic）的著作《我的美国》（*My America*）。我把《现在，让我们赞美伟大的人》（*Let Us Now Praise Famous Men*）排除在上述书单之外，因为这本书不属于旅行见闻。该书的作者为詹姆斯·艾吉（James Agee）和沃克·埃文斯（Walker Evans）。他们在 1936 年进行了研究之后，于 1941 年出版了该书。这本书讲述的是亚拉巴马州（Alabama）山区的三户佃农的故事。上述统计并不完整，因为那些书只是我个人读过的一些主要著作。

上述图书的每一位作者，都试图通过与广大美国民众交谈或对他们进行描述的方式，去捕捉美国民众的情绪。这些图书的质量参差不齐，其中考德威尔与伯克－怀特合著的那本书质量最差。书中的许多照片让人产生被利用的感觉，照片所配的说明文字令人尴尬，因为那些配文经常引用无名无姓的人所说的话。比如，"我的孩子太多，已经无法招架，但他们还是接二连三地到来"。第二糟糕的是安德森的那本书。许多人认为，罗蒂的那本著作的副标题受到了这本书的影响。安德森的书过于多愁善感，多年前我阅读的时候，实在无法坚持读完。《华盛顿邮报》（*The Washington Post*）的评论称，"如果《困惑的美国》由一个按部就班的新闻信息局撰稿，那么它勉强可以使罗斯福及其支持者感到更加欢欣鼓舞"。《纽约先驱论坛报》（*The New York Herald Tribune*）的评论是，"它没有一个字提及南方纺织工人罢工，完全忽略对黑人的恐吓，对休伊·朗在路易斯安那州实施法西斯主义视而不见。当安德森思考问题时，他的思考陷入了毫无头绪的虚幻之地。'困惑的美国'是描述美国民众心理状态的恰当词语，但安德森也同样处于困惑之中。"

这些书中写得最好的一本（至少从部分章节来看），是现在读起来比较晦涩难懂的阿达米克的《我的美国》。其实，这部著作由两本书合二为一。第一本据说是他本人对移民美国后的生活的回忆录，第二本报道的是"大萧条"的情景。对于处于艰难时刻的美国，阿达米克的报道有深度，文笔优美。书中的许多新闻稿，如果大声朗读，听起来就像目前的播客。"触目惊心的'非法煤炭行业'"是此书的最佳章节之一。这个章节其实是为《国家》杂志撰写的文章，描写的是失业煤矿工人、他们的非法矿井（部分工人在宾夕法尼亚州一些公司的土地上，用简易工具挖掘出的小煤矿），以及在纽约黑市售卖"偷来的"煤炭的故事。该书的下一个章节为"关于'共产主义分子'以及一些美国基本原则的注解"。在这个章节中，阿达米克描述了一群理想派的年轻共产主义人士的故事。他们从城市来到位于乡村的非法煤矿，希望能够把那些煤矿工人转变为革命者。阿达米克用轻快的笔调描写了他们喜剧化的失败，这同时也说明，1931 年旧金山联合广场（Union Square）的"暴乱"永远不会发生。对这种事件的担心，使美国的资本家害怕会出现美国版的布尔什维克革命（Bolshevik Revolution）。正是这种恐惧，给罗斯福提供了让资本主义实现自我救赎的筹码。阿达米克的观点没有在华尔街得到广泛的传播，这是一个值得回味的结果。否则，罗斯福或许会失败。

然而，美国会出现共产主义"威胁"的说法，仍然在许多美国人对那段历史时期的叙事中留下深深的烙印，尽管这种现象在一定程度上被菲利普·罗斯 ①（Philip Roth）的小说《反美阴谋》（*The Plot Against America*）所取代。这部小说后来被改编为一部 HBO 连续剧。在该剧中，飞行员查尔斯·林德伯格（Charles Lindberg）当选美国总统，然后把美国推向法西斯主义。罗斯的小说向我们展示了这样一个现实：在 20 世纪 30 年代中后期，美国社会的能量从左转向了右。正如罗蒂在其 1936 年出版的《生活更美好的地方》一书中所指出的那样："我们的国内状况是日益恶化的社会和经济无政府状态，存在着倒向法西斯主义的明确推动力。"

当我在加利福尼亚州做报道，以及在疫情期间驾车向东横跨美国的时候，这些 20 世纪 30 年代的图书和文章一直萦绕在我的脑海里。我的这项社会调查工作当然有一些局限性，因为我的工作程序是事先约定采访，然后面谈。这样的话，虽然我也经历了一些偶然性的事件，但我看到和经历的事情

---

① 菲利普·罗斯，美国作家，多次被提名诺贝尔文学奖，并获得国家图书奖、福克纳小说奖、普利策文学奖等重要奖项。——译者注

毕竟有限。此外，我的这次旅行持续时间较短，仅有大约两周。尽管如此，这次旅行给我的新闻报道生涯增添了新的意义。在寻求那副涂鸦的内涵之前的几十年，我曾多次旅行，写下了许多文章和图书。1982 年以来，我在美国各地旅行了大约 50 万英里，与民众进行交谈，为我出版的文章和图书收集素材。1991 年以来，我从事教学工作，在斯坦福大学和哥伦比亚大学教授社会问题叙事报道的课程。我告诉学生们，研究 20 世纪 30 年代的美国，是个聪明的做法。目前，我们很快就要进入 21 世纪 30 年代，知晓 20 世纪 30 年代在美国发生了什么，似乎是顺理成章的事情。我对未来将要发生什么一无所知，这并不稀奇。探索 1935 年至 1938 年美国社会的罗蒂和阿达米克等人，同样不能预测未来。但是，如果 20 世纪 30 年代的一些观点在今天依然正确，那么，了解那 10 年的知识，或许可以帮助我们应对未来，尤其是 2021 年至 2024 年这一关键时期。这一点，约翰及其妻子谢丽已经指了出来。

20 世纪 30 年代那些纪实作家在作品中的描述，与我最近的这次横跨美国的旅行以及此前多次旅行的所见所闻相比，既有相同之处，也存在差异。

与罗蒂当年的经历类似，在 20 世纪 80 年代初期，我经常听到人们说，或许一场战争就可以使经济好转。但是，当那 10 年结束时，那种论调销声匿迹。最近这些年，我再也没有听到过那种观点。

在 20 世纪 80 年代初期，我曾和失业工人一起乘火车旅行，当时我也听到了乐观的观点。但是，到了 20 世纪 90 年代和 21 世纪初，那种乐观情绪也发生了变化，因为我遇到的绝大多数人，都认为他们的生活不会好转。在最近的 20 年，我没有遇到过为寻找永久性工作而旅行的人，只碰到过一些寻找季节性仓储工作的人。那些流离失所、以车为家的流浪者明白，其他地方的生活不会更好。罗蒂或许会对这种悲观主义感到欣慰，但在当今时代，失去希望是最令人不安的事情。

在我的旅行发现中，唯一与安德森相同的是自我责备。在安德森去过的每一个地方，他都会听到有人说："在美国的这项新政中，我失败了，这是我自己的错。"或者，"这是我的错，我不够聪明。"在 2020 年以及其他年代，我在位于萨克拉门托的流浪者宿营地中，多次听到类似的观点。

如果把 20 世纪 30 年代当作一个时代，20 世纪 80 年代到目前也当作一个时代，那么两者之间已经跨越了 50~80 年的时间，横跨一个世纪。这两个时代有一个共同点，那就是对未来经济前景的担忧。

2021 年至 2024 年，美国的各种政治势力将进行激烈的争夺，而经济将起着决定作用。有些人认为，疫情结束后经济将开始反弹并实现"V"形反转，这显然不可能发生。现在的问题是，经济是将缓慢地、艰难地回升，还是将陷入严重的萧条。

如果你相信苏联经济学家尼古拉·康德拉季耶夫（Nikolai Kondratiev）创立的长波理论（Long-wave Theory），那么，你就会认为，美国的经济衰退已经推迟了大约 20 年。根据康德拉季耶夫的理论，资本主义经济就像运行周期为几十年的过山车，在繁荣时上升，达到顶点，然后在萧条中猛然下降。康德拉季耶夫记录了 16 世纪以来 5 次这样的长波周期，每次持续 40~60 年。1938 年，在斯大林（Stalin）执政时，康德拉季耶夫死于狱中。对于他创立的理论，现代经济学家并不认可。然而，在近期的经济讨论中，他的名字被多次提及。2020 年初夏，《华盛顿邮报》商业和经济栏目撰稿人罗伯特·萨缪尔森（Robert Samuelson）写道："过去，我以不屑一顾和怀疑的态度看待康德拉季耶夫的长波理论。即使从好的方面看，该理论的周期太长、变化过多，因此不能看作真正的经济周期。如果从差的方面看，该理论属于垃圾经济学。该理论是一个聪明的想法，但是，我们越研究它，就越发现它的不足。我尚未加入康德拉季耶夫的阵营，但我现在持更加开放的态度。我确切知道的是，现存的经济框架并没有很好地为我们服务……目前，我们正处于危险的时刻。"

如果我们正在步入康德拉季耶夫所描述的经济萧条，那么，我们面临的危险是想当然地认为在特朗普之后的美国社会，某种形式的进步民粹主义①将占据上风。实际上，糟糕的经济将加剧失业，进而有可能导致进步民粹主义与利用黑暗民粹主义②的独裁者之间斗争。如果出现一个不疯狂并且聪明的"特朗普"，他给美国民主带来的威胁或许会使特朗普相形见绌。

我们把推特（Twitter）、其他社交媒体、福克斯（Fox）以及第一美国新闻网（One America News Network）当作"匿名者Q"（QAnon）等极右思想的助推器。我们还认为，如果不是它们放大了我们的情感和行为，一些事情或许至今还不为人知。但是，实际上，在电视台和社交媒体平台产生之前，右翼和法西斯思想早就渗透到美国文化之中。意识到这种思想的传播途径的早期活动家之一是堪萨斯城（Kansas City）唯

---

① 进步民粹主义（Progressive Populism）倾向于将"特殊利益"与大公司等强大集团联系在一起，主张对富人课重税，给穷人发福利。"占领华尔街"和"黑人的命也是命"等运动旨在推进这些政策。——译者注

② 黑暗民粹主义（Dark Populism）是由本书作者提出的概念，指美国的一种民族主义浪潮，该浪潮使一些美国人憎恨特朗普，另外一些人则热爱他。——译者注

一神教派牧师 L. M. 伯克黑德（L.M. Birkhead）。1935 年，伯克黑德前往欧洲，调查意大利和德国的独裁政府。在纽伦堡（Nuremberg），他到访了反犹太报刊《冲锋报》（Der Stürmer）的编辑部。这家报社是纳粹宣传机器的重要组成部分，创办人和出版人是尤利乌斯·施特莱彻（Julius Streicher）。他是狂热的反犹太主义者和希特勒的亲信。在 1938 年反犹太人的"水晶之夜"（Kristallnacht）事件中，施特莱彻发布了一些命令。1946 年，施特莱彻被同盟国判处绞刑，死于纽伦堡监狱，他对犹太人的强烈憎恨也随之灰飞烟灭。

"我逐渐发现，美国有反犹太团体和领导者，而美国公众却对此一无所知。此外，美国还有一些反犹太主义者，他们希望通过施特莱彻的帮助和激励，在美国复制他的计划和策略。"伯克黑德在给《巴尔的摩太阳报》（Baltimore Sun）的一篇新闻稿中这样写道。

1938 年，伯克黑德公布了美国的 800 个"反民主"组织的名单，它们的主张与纳粹和法西斯主义一致。他认为，三分之一的美国人接触了法西斯宣传材料，其中一部分材料来自德国。在那个年代，与当今社交媒体和电视台起到同样作用的是广播电台。要知道，广播技术是在 20 世纪 20 年代迅速发展的技术。到 20 世纪 30 年代，天主教牧师查尔斯·E.

库格林（Charles E. Coughlin）成为美国历史上第一位极右翼媒体明星。1934 年，他在广播电台发表的仇恨言论有 1000 万听众。1938 年，他的节目使用了反犹太宣传材料，并进行虚假陈述。在我的《像美国这样的地方：新大萧条的故事》这本书中，我描述了他后来又做了什么：

在纽约市，WMCA 广播电台宣布将不再播放库格林的讲话，除非他事先提供文字稿。库格林拒绝了该要求。随后，在德国的纳粹媒体竭力为库格林辩护，其中《十二点》（*Zwoelfuhrblatt*）这家报纸刊登出了一篇文章，标题为《美国人不允许听到真相》（*Americans Not Allowed to Hear the Truth*）。在美国，一个名为"基督教阵线"（Christian Front）的组织粉墨登场，对抗左翼的"大众阵线"（Popular Front），吸引反犹太分子。1938 年 12 月 15 日，6000 人聚集在纽约市礼堂，为库格林欢呼，对罗斯福喝倒彩。12 月 18 日，"基督教阵线"组织了 2000 名库格林的狂热支持者，到 WMCA 电台进行游行和抗议。

在美国的"大萧条"进展到那个时间点之前，观察家们已经发出警告，认为美国出现了法西斯主义的倾向，但仍缺乏法西斯分子正在进行动员的证据。现在，暴力开始了。

库格林号召把人员以"排"为单位组织起来。支持库格林的纠察队员则每天在 WMCA 电台进行守夜抗议活动。根据《纽约时报》的报道，1939 年 5 月 21 日，他们游行到时代广场，寻事滋事，殴打那些售卖反对库格林的报刊的人。

1939 年 2 月，美国的纳粹分子在纽约麦迪逊广场花园（Madison Square Garden）举行集会，大约有两万人参加。集会由亲纳粹的"德裔美国人联盟"（German-American Bund）组织，创始人为弗里兹·朱利叶斯库恩（Fritz Julius Kuhn）。2017 年，纪录片《纳粹之夜》（A Night at the Garden）再现了那场集会的情景。该片由马歇尔·库里①（Marshall Curry）执导，制片人为劳拉·珀特拉斯②（Laura Poitras）。这部影片中

---

① 马歇尔·库里是获得奥斯卡奖的美国纪录片导演，制片人，电影摄影师和剪辑师。他的电影包括《街头竞选》（Street Fight）等。——译者注

② 劳拉·珀特拉斯，美国导演和纪录片制作人，其执导的关于爱德华·斯诺登（Edward Snowden）的纪录片《第四公民》（Citizenfour）获得 2015 年度奥斯卡最佳纪录片奖。——译者注

的经典镜头类似于希特勒的新闻短片，参会者都举起手臂，高呼"胜利万岁"。这部纪录片与莱妮·里芬施塔尔[①]（Leni Riefenstahl）拍摄的纳粹宣传片的唯一区别，只是会场的舞台背景挂着美国国旗而已。

1939 年全年，纽约市的暴徒异常猖獗，这一状况被《美国法西斯》（*The American Fascists*）这篇文章记录下来。这篇 9000 字的文章是我读过的同期作品中最好的一篇，它刊登在 1940 年出版的《哈泼斯》（*Harper's Magazine*）月刊上，作者为戴尔·克雷默（Dale Kramer）。克雷默是一位来自艾奥瓦州的新闻记者，出版了 9 部著作。他的书内容涉猎广泛，涵盖对农场抗议运动的研究，以及知名记者海伍德·布鲁恩（Heywood Broun）和《纽约客》（*New Yorker*）编辑哈罗德·罗斯（Harold Ross）的传记。

经过大量的调查和挖掘，克雷默写道："对警方法庭记录的分析，揭示出惊人的事件。从很大程度上讲，之所以这些事件对公众保密，是因为报社的编辑们相信，对这些事件说得越少越好。法庭记录显示，一个由年轻人组成的流氓团伙，

---

① 莱妮·里芬施塔尔，德国演员和导演，因与纳粹的关系而备受争议。——译者注

深夜在地铁站台上寻衅滋事，侮辱犹太人。他们的常用伎俩是，遇到犹太女孩后，当着她男朋友的面嘲弄她。被激怒的男孩与那些流氓争辩，往往遭到人数占优势的流氓的毒打。其中一个名叫欧文·伯杰（Irving Berger）的年轻人，在纽约中央火车站被刺，身受重伤。"

"基督教阵线"的一个分支是"基督教动员者"（Christian Mobilizers），这两个团体有大量的成员。按照克雷默的描述，到了 8 月份，掌握了法西斯分子活动状况的纽约警方，向市长菲奥雷洛·拉瓜迪亚（Fiorello LaGuardia）提交了报告。该报告称，"纽约市的法西斯分子每周举行大约 50 次会议，参加人数超过 2 万人。"克雷默的文章有许多确凿的数据，他写道："1939 年夏天，230 多人因为涉嫌卷入此类冲突而遭到起诉，其中 101 人被判有罪。具有讽刺意味的是，法庭记录显示，反击法西斯分子的人们，比法西斯分子更能体会到法律的威严，因为受到起诉的法西斯分子为 106 人，而反对他们的人有 127 人被起诉。"

在任何时代，在地球上的任何地方，经济萧条对仇恨运动都起到火上浇油的作用。1992 年，詹姆斯·卡维尔[①]（James

① 詹姆斯·卡维尔，美国政治顾问和作家，曾为美国和其他多个国家的公职候选人制定竞选战略。——译者注

Carville）曾说过一句著名的话："笨蛋，重点在经济！"我回忆起与内特的那次谈话，内容是从前镇长的角度谈一谈丹尼森镇的当地经济，以及当地经济如何反映了整个美国的经济形势。当我告诉他，我们作为一个社会整体，一直在拖延问题的解决之后，他的回应是："可是，你把头埋进沙子里，并不意味着糟糕的事情不会发生。实际上，它们迟早会发生。"应对仇恨团体的核心，其实是如何解决经济公平的问题。如果广大民众都能分享社会财富，那么仇恨团体就将被边缘化，就很难招募到新成员。我已经把克雷默的《美国法西斯》这篇文章的最后一段刊登到了其他地方。但是，无论是从预测（准确，但或许需要几十年才能应验）的角度还是从内容的角度来讲，这段文字都值得反复阅读和体会。

对于强大的运动而言，要将其在由战争导致的混乱中组织起来，需要花费时间。然而，建立在偏见基础上的政治技巧告诉我们，如果美国经济的不安全性持续下去，那么毫无疑问，在未来的十年中，美国人民将被迫应对强大的"仇恨"运动。在这个过程中，我们必须保持高度警惕，才能保护我们的自由。

纽约市

NEW YORK CITY

第八部分

重新校准

观察正在劳动的煤矿工人，你会立刻意识到，人们正生活在多么不同的世界里。采煤的矿井是一个"外面的人"很可能一辈子都没有听说过的地下世界。或许，大多数人甚至希望不要听说过那个世界。然而，它却是我们这个位于地上的世界绝对不可或缺的。事实上，我们所做的一切，都直接或间接地涉及煤炭的使用。从吃雪糕到跨越大西洋，从烤制面包到写小说，皆是如此。在和平时期，各行各业都离不开煤炭。如果爆发战争，煤炭的需求只会更大……只有源源不断地生产煤炭，希特勒才能检阅他那些踢正步的军队；教皇才能谴责布尔什维克主义；板球观众才能聚集在罗兹（Lords）板球场；诗人们才能相互捧场。然而，整体而言，我们没有意识到那个地下世界的存在。我们都知道，"必须有煤炭"。但是，我们很少或者从来不记得，开采煤矿涉及什么。

摘自乔治·奥威尔的著作

《通往威根码头之路》（*The Road to Wigan Pier*）

在洛杉矶，你或许居住在山谷之中富人区的深宅大院里。山谷中的道路从穆赫兰大道（Mulholland）一直通到日落大道，因此你可以开车去知名超市 Trader Joes 和有机食品超市 Whole Foods 购物，然后返回明星们的居住地，以此完全避免遇见居住在房车和普通汽车里的穷人所带来的不愉快。那些穷人大多居住在沿着 110 号公路展开的南格兰大道（South Grand Avenue）走廊等地区。再向北，在硅谷的核心地区，穷人受到严格的限制。1997 年，帕洛阿尔托市（Palo Alto）通过了"坐卧"法令，禁止人们坐在或躺在人行道上。但这项法令其实是一项迂回手段，其真正的目的是禁止乞讨，而这与宪法相抵触。然而，有案件审理结果显示，这项法令得到了主审法官的支持。2013 年，帕洛阿尔托市再次颁布法令，禁止在车内过夜。该市还进一步加强了大学大道（University Avenue）周边地区的街道管理，把街道划分为紫色、珊瑚色、淡绿色和蓝色区域。停车限制时间为 2 个小时，外来人员如果在同一天的上午 8 点至下午 5 点再次把车停到同一个颜色的区域，就会被罚款。这些地区的大部分住宅都有行车道，因而本地居民不需要在街道上停车。尽管有大量的停车位，但本地居民不愿意让外来者使用。在 20 世纪 90 年代，帕洛阿尔托还是个贫穷的城市，超过 40% 的人口为黑人。目前，黑人占比减少到不足 17%。我的非洲裔学生告诉我，他们当时从东帕洛阿尔托（East Palo Alto）进入帕洛阿尔托，经常被当地警察拦截。他们出示斯坦福大学的身份证明后，才被放行。

长期以来，无论是从现实意义还是从象征意义上来讲，加利福尼亚州的富人们已经把他们自己与其他社会阶层隔离开来。1994 年，我曾写过一篇关于那些富人住宅区的报道，刊登在《琼斯母亲》（Mother Jones）杂志上。我描写的对象是最早与其他阶层隔离开来的富人住宅区之一，它位于加利福尼亚州纳达角（Dana Point）的君主湾（Monarch Bay）。我第一次到访那里，还是在 1980 年。我在那篇文章中写道："与我第一次到这座城市时相比，这里的院墙数量猛增。在这座 6.1 平方英里的沿海城市，大约有三分之一的面积被封闭在 17 个被围墙环绕的社区里面。当地人称那些地方为'拒人之外'

的社区。一个拉丁裔社区，则正好位于城市中心区。"那些围墙勾起了我对萨尔瓦多（El Salvador）首都圣萨尔瓦多（San Salvador）的回忆。1984 年，我曾在那里报道内战。著名女作家琼·狄迪恩（Joan Didion）观察到，圣萨尔瓦多的寡头们都躲藏在高墙内的大院中，并且在不断增加墙的高度。随着他们的恐惧与日俱增，"墙也越筑越高"。

在纽约市，即使你住在公园大道、上西区或上东区，并在韦斯特切斯特县（Westchester County）之间通勤，你也无法避免遇到穷人。贫穷不仅仅以乞讨的形式出现在你面前，而且还在那些通宵熬夜、乘地铁去打第二或第三份工的移民身上体现出来。那些人包括骑电动自行车把 GrubHub 和 UberEats 的外卖送到你家门口的移民、在酒馆和市场工作的人，以及你的来福车或优步司机。为了不让这些现象对你的心理产生影响，你不得不培养视而不见的本领。从本质上说，你不得不筑起想象中的高墙，避免去思考割裂美国社会的阶级差异。纽约市其实更像第三世界，在这里，你将被迫与贫困不期而遇。下面，是我 1991 年为《纽约时报》撰写的一篇评论文章的部分内容：

乞讨问题只是普遍贫困这一更严重问题的冰山

一角。纽约的乞丐们是最容易让人们注意到的人群，提醒着我们他们居住的地方——哈林区（Harlem）和布朗克斯区（Bronx）的廉租公寓。他们像从天而降的信使一样告知我们，这个社会并不尽如人意，每个乞丐都代表着成千上万个破碎的人生，只不过我们视而不见而已。

我不知道，与1881年12月的那个天寒地冻、寒风刺骨的冬日相比，目前的状况是否有所不同。那一天，列夫·托尔斯泰（Leo Tolstoy）来到了莫斯科贫困的中心区希特罗夫（Khitrov）市场。他对一帮乞丐的可怜状况感到震惊，于是就把口袋里的钱全部给了他们，引起了小小的骚乱。后来，他去一位朋友家寻找慰藉。然而，他的朋友告诉他，贫穷是"文明不可避免的状况"。听到朋友这么说，托尔斯泰眼含热泪，大喊道："人不能这样活着。不能！不能！"

后来，托尔斯泰撰写了《我们应当做什么？》（*What Then Must We do*）这部著作。在这本书中，他提出了对于贫困，社会能够和应当做什么的问题。这个问题在今天依然有效：那么，我们必须做什么呢？

　　然而，我们的社会做了什么呢？我们将无家可归者赶出地铁。我们的自由派市长戴维·丁金斯（David Dinkins）支持这一政策，许多在其他方面很进步的市民同样如此，只有那些对无家可归者最关心的朋友持反对态度。

　　我有一份 2 英寸厚的文件，记录的是美国驱赶无家可归者的事件。我现在已经不再记录更多的类似事件，因为它们不再是新闻，人们已经习以为常了。可以这么说，我们不是解决问题，而是把它们从我们的视野中抹去。

　　解决问题的方法显而易见：提升最低工资，提供更多的住房，增加心理健康服务场所，发展教育等。你是知道这些答案的。

　　然而，无论是自由派还是保守派，都在纵容这个不包容的社会。在自由派和保守派的要求下，警方拆掉了棚户区。相比之下，至少在 20 世纪 30 年代，我们还是让无家可归者拥有"胡佛村"这样的安身之地。我们的那些被选举出来的官员，在自由派和保守派的要求下，屈服于"不要在我的后院"运动的压力，反对保留棚户区和建设低成本住房。

在这个社会，我们憎恨无家可归者。

当我们在深夜闭上双眼时，我们把无家可归者清除出了我们的视野。但是，他们不会自动消失。

在我学术生涯的早期，也就是我为斯坦福大学一个小型新闻学课程讲课的时候，我把自己比作一大群贵宾犬之中的猎犬。我们的那座大楼有两个系，但我与我的同事们没有丝毫相似之处。据我所知，他们都在上层和特权家庭长大，毕业于名校。我当时还很年轻，能够深刻地意识到，我属于蓝领家庭的后代。我的母亲是校车司机，父亲是钢铁工人。我的这种局外人的感觉，在随后的几十年中逐渐淡化。这种变化的原因是我进入了特权阶层，在一所常青藤大学任职，进而获得了这个职位带来的经济上的收入和心理上的安全感。用罗格斯商学院（Rutgers Business School）副教授米歇尔·吉特尔曼（Michelle Gittelman）的话来说，我拥有了"美国仅剩的好工作之一"。换句话说，我丧失了意识的视觉，已经不能意识到，如果我出生在一个不同的年代，那么我很可能也会"生而贫贱"。

当我驾车驶过横跨哈德逊河（Hudson River）的乔治·华盛顿大桥（George Washington Bridge）之后，我回到了纽约市，但这座城市已经与往日不同。这并不是因为有些场所因为疫情而临时关闭，而是因为一些公众喜欢的饭店挂出了永久"停业"的牌子，整个街区一派萧条。同时，我的一些朋友告诉我，一些人永远逃离了这座城市。后来公布的数据也显示，确实有大批民众离开。《纽约时报》的报道称，搬家公司生意火爆，凶杀案的数量也呈上升态势。人们有一种要回到 1975 年的纽约的感觉。当时，尽管纽约遭遇失业加剧和中产阶级逃离的困境，但福特总统表示，他不会对这个破产的城市实施紧急援助。对此，《纽约每日新闻》（ New York Daily News ）的一篇文章曾使用了这样一个臭名昭著的标题——《福特总统对纽约说，去死吧》（ Ford to City: Drop Dead ）。

回到纽约不久，在保持社交距离的情况下，我和一些最近毕业的学生一起举行了一场户外聚会。活动开始不久，我让他们看保存在我手机里面的、在沙漠地区拍摄的照片。当我滑到那张涂鸦的照片时，梅根·卡特尔（ Megan Cattel ）很快回答说："那是千禧一代的呐喊。"梅根和另外一名学生曾在一家公司上班，那家公司租赁的是共享办公公司 WeWork 的办公场所。他们幻想着那座共享办公大楼被遗弃，这样的话他们就可以偷偷住进去。"那里的淋浴棒极了。"梅根说。由于许多公司纷纷逃离或不再计划租赁办公场所，曼哈顿将有大量空置的办公楼。所以，梅根等人的幻想并非完全是痴人说梦。梅根想知道，我们学校是否还能够进行线下授课。一个即将到来的新生是她的朋友，而那些新生担心授课只能在网上进行。还有人告诉我，一些有意向来学习的学生表示，如果课程全部转为线上，他们将考虑推迟学习。

这是一个重大的全国性问题，会对美国成千上万的大学生造成影响。2020 年夏季之初，哈佛大学（Harvard University）宣布，所有课程将转为线上。那时，大约三分之一的大学只提供线上课程。随着秋季的临近，这一比例将加速升高。一篇刊登在《纽约时报》的文章对未来的高等教育质量提出了质疑，并报道了广泛的抗议行为。至少有 30 个家庭对一些一流大学提出控告。乔治敦大学教育经济学试验室主任玛格丽特·罗莎（Marguerite Roza）发出质疑："目前，学生和家长被迫发出这样的疑问——'上大学的价值在哪里？如果我不能踏足校园，那么所受教育的价值还会相同吗？'"该报还引用了威斯康星大学麦迪逊分校（University of Wisconsin–Madison）的一位准大一新生的话："谁会愿意为'被美化'的 Skype 付费呢？"

像许多其他大学一样，哥伦比亚大学新闻学研究生院宣布，将进行混合式教学。也就是说，一些课程是面授，并采取严格措施降低疫情传播的风险，另外一些课程则采用线上的形式。哥伦比亚大学的一位管理人员问我是否愿意现场授课，我立即答应了下来。我的理由如下：我相信，我已经感染过新型冠状病毒。如果我此前没有因感染而获得免疫力的话，恐怕我在这次旅行的过程中早就被感染了。学校采取了严格的预防措施。研究表明：如果佩戴口罩，被感染的风险较低。我是一名记者，我的意思是说，如果某个地方发生了爆炸，记者要做的是赶赴现场而不是逃离。我被拉进一个群，与部分同事共享邮件。在我的那些同事当中，大多数都希望100%的课程都通过 Zoom 进行。他们当中的一些人属于高风险人群，我当然尊重他们的选择，我也把我的这种态度告诉了他们。然而，当我说我愿意线下授课并参与混合式教学时，我收到了许多愤怒的邮件，有些人还大发雷霆。我回复说："教学全部以线上的形式进行，非常不值得。那样做的话，我们就是在坑骗学生。如果全部转为线上，恐怕许多学生会退出，不会有多少学生来上课，学校会损失惨重。如果课程都必须转为线上，我建议取消今年的课程。"

似乎没有人在意，如果哥伦比亚大学新闻学研究生院效

仿凤凰城大学 [①]（University of Phoenix）的线上教学模式，受害者将是我们当中的所有人，尤其是学生。此外，似乎没有人愿意放弃自己的薪水。我们学校的理科硕士课程的基础学费是 68 960 美元，奖学金中位数为 30 000 美元，65% 的申请者可以获得一些资金补助。即使"只需要"缴纳学费 38 960 美元，学生们还需要承担学费以外的费用。数据表明，各种杂费和生活费加起来大约为 47 000 美元。我们这些做教授的人，是否只考虑每两周打到我们银行账户的工资，而不考虑为学生提供了多少价值呢？毫无疑问，疫情会让我们对返回教室感到担忧。但是，不承认线上教学带来的潜在和不可否认的危害，暴露了我们享受的权利和特权。

与阶级特权相伴而行的，是无法掩饰的傲慢。我在前文中提到，史密斯菲尔德公司首席执行官沙利文给内布拉斯加州的州长写信，声称"保持社交距离是个美好的事情，但只有在用笔记本计算机办公时才讲得通"。我们有权对沙利文进行谴责，并对他把几千名工人塞进他的肉类加工厂感到义愤。

然而，我们之中具有终身职位的人、公司老板以及能够

---

① 凤凰城大学位于美国亚利桑那州凤凰城，主要采用线上授课的教学模式。——译者注

通过 Zoom 工作的人，与沙利文真的有什么不同吗？如果我们吃猪肉的话，我们希望猪肉出现在我们的盘子里；期待杜尔塞·卡斯塔涅达的父亲去上班；期待他站在拥挤不堪、气温接近零摄氏度的车间内与工友一起分割猪肉，以便确保我们戴着口罩去超市时，可以购买到猪肉。我们期待超市的收银员佩戴口罩，按时上班，为我们购买的猪肉和香肠（或素肉饼）结账。他们每天工作八到九个小时，接待成百上千的顾客，相互之间的距离只有几英尺远。许多顾客还不佩戴口罩，完全不顾及超市工作人员的健康。如果我们居家隔离，下单让别人把食物送货上门，我们期待有人在农场采摘蔬菜和水果，有人在仓库把食品装箱打包，然后有司机把食品送到我们家门口。

我们期待，在美国钢铁公司位于俄亥俄州的工厂关闭和夷为平地之前，伊恩的父亲能回去上班，生产钢材，而那些钢材或许就在你居住的房子或上班的大楼的地基里面。贝尼斯顿先生和其他 50 000 名工人，失去了位于马霍宁山谷的工厂的工作。然而，我们作为一个社会，没有做任何事情去帮助他们。即使我们曾经认可他们的劳动，我们也把他们忘得干干净净。他们心怀怨恨，怒不可遏，他们子女中的许多人也是同样如此。当他们中的许多人提醒我们，他们依然存在并投票给特朗普的时候，我们却大吃一惊。

旧金山湾区和洛杉矶盆地的无家可归者的数量，将会由于强制驱逐而大幅增加。这一现象到来时，许多居住在加利福尼亚州的人们将会感到惊愕。大量无家可归者的涌入，将会耗尽非营利组织的资源，其中包括乔就职的"饼和鱼"和梅尔创立的"希望淋浴"。然而，2020 年年初，一些加利福尼亚州人士却对一项议案再次未能在州参议院获得通过而欢欣鼓舞。如果该议案获得通过，将会推翻地方政府的区域划分条例，进而增加公共交通走廊附近的房屋密度。自 2018年以来，加利福尼亚州参议员、来自旧金山的民主党人斯科特·威纳（Scott Wiener）曾三次试图让该议案获得通过，但都遭到了党内人士的反对。加利福尼亚州沿海各县基本上倾向于支持民主党，那些反对该议案的议员投反对票，就是为了迎合那些所谓的自由派城乡居民。为了反对该议案，他们抛出了"地方控制"和"绅士化"等名词。但这些托词只是吹"狗哨"[1]而已，而真正的原因是他们担心自己的房产价值下降，以及低阶层人群的住房距离自己的豪宅太近。

---

[1] "狗哨"（Dog whistle）是一个与政治有关的术语，指政客使用隐秘的语言以获得特定群体的支持。同时，非特定群体因不明白其中的含义而不表示反对。——译者注

我们都喜欢居住在充满爱、受到保护和自由的理想家园。在奥威尔时期的英国，人们不愿意了解煤矿工人。同样，我们目前对无家可归者以及几个工人阶级家庭挤到一栋房子里视而不见。我们也不愿意去考虑肉类加工厂或仓储行业的工人、超市收银员和送快递的司机。1936 年，一家名为"左翼读书俱乐部"的社会主义团体派奥威尔去研究英格兰北部地区的贫困和无家可归问题。他超出了授权范围，关注了那些有工作的人，并深入煤矿进行实地调查。他的行为惹怒了他的赞助者们，主要的原因是，他不仅探讨社会主义问题，也探讨阶级问题。"从一定程度上来讲，观察煤矿工人工作甚至是一种奇耻大辱。这会让你对自己'知识分子'和精英人士的身份产生短暂的怀疑。"奥威尔写道。

我们当中称自己为自由派、工资收入属于最高的 15% 的人们，不能仅仅指责共和党人和保守派。毕竟，我们是个由"卡伦"①组成的国家，无论是从"黑人的命也是命"运动还是从阶级差异来讲，都是如此。

那么，我们必须做什么呢？

---

① 卡伦（Karen）是美国等英语国家民众使用的贬称，起初用于指代自以为有权势的、要求超出合理或必要范围权利的白人妇女，后来演变为种族主义和白人特权的代名词。——译者注

本书的目的，并不是要把读者吸引到一个长长的指定性解决方案的清单上。那将是另外一本书的任务，篇幅是本书的 10 倍。然而，即使写出那本书，也毫无用途。这是因为，需要做什么，已是路人皆知。我这次旅行的目的，是与我遇到的人们交谈，倾听他们的心声。从他们的反应来看，我们必须重新校准美国梦，创造公平的机会。我们不必回避"公平的机会"和"创造真正的平等"这类老生常谈的词语。我们只需激活这些梦想，让它们对更多的美国人来说富有真正的意义。正如约翰指出的那样，如何重新校准美国梦，将是两党进行激烈争夺的阵地，将决定下一次中期选举和 2024 年大选的结果。既然如此，我们所有人的起始点是，真切地看到贫困人群的困难，把他们纳入健康经济的理念当中。这种健康的经济要对所有人起作用，而不仅仅是针对上层人士。

多年以来，我一直希望自己出生在 20 世纪初，那样的话，我或许会成为 20 世纪 30 年代的一名作家。那是一个充满变数的年代，危机导致了一些社会变革。艾吉、阿达米克和奥威尔等作家探究了工人阶级在那个年代的生存状态。我已经有了足够的资历，应该能够成为 21 世纪 30 年代的作家。21 世纪 20 年代把 20 世纪 30 年代未完成的任务呈现给了我们。克雷默是我们已经忘记的一位记者，他曾就美国的法西斯主义问题著书立说，还写过这一题材的新闻报道。他非常睿智地预测，美国将出现"仇恨运动"。第二次世界大战结束了美国的"大萧条"和那些仇恨运动，但那只是暂时性的，我们的文化中固有的问题并没有解决。罗斯福总统的"新政"缓解了许多痛苦，但并没有走得足够远。"新政"也没有解决种族问题，其中包括种族隔离、学校资源不平衡以及种族差异，这些问题导致经济不公。"新政"也没有带来全民医保，虽然罗斯福总统也做了一些尝试，试图把一个联邦医疗计划纳入社会保障法案当中。当时的情况是，美国医学协会（American Medical Association）阻止了该建议。随后，罗斯福被迫让步，默许国会通过了《社会保障法案》（Social Security Act）。

我的愿望清单还有许多内容，其中包括由联邦政府拨款的日托服务、与通货膨胀挂钩的最低工资标准、"绿色新政"和"黑人的命也是命新政"等。这些都需要美国国会发生巨大的变化，比如民主党在选举中大获全胜，或者共和党在特朗普下台之后分崩离析。只有这样，无助的、渐进式的民主党人才有机会实施变革。或许，我们所能希望得到最好的结果，是政府有足够的权力去重新校准美国梦。这样的话，如同罗斯福"新政"带来的结果一样，财富被分享，支持独裁主义和法西斯主义的大约三分之一的美国人受到毁灭性打击，他们不得不在福克斯新闻台（Fox News）营造的谎言中再流浪 70 年到 80 年。然后，我们或许还要再一次面对 20 世纪 30 年代和 21 世纪 20 年代都没有解决的问题。

无论如何，我们都不得不创造一种环境，让人们能够梦想更好的生活。这种对美好生活的梦想，曾在 1935 年让罗蒂非常失望，这对他非常不公。前一段发生的一件事情，使我意识到这种梦想的重要性。那件事情发生在一个闷热的天气里。当时，我正在和朋友们一起，在纽约北部一处树木参天、草坪平整、占地 5 英亩的豪宅聚会。其间，我坐在院子里，背靠一棵高大的菩提树，给我在加利福尼亚州南部一起隔离的一个朋友打电话。在打电话的时候，我听到一辆卡车停到前门的声音。我抬起头，看到一个 UPS 快递公司的司机，拿着包裹，沿着行车道步行过来。于是，我就起身，走过宽阔的草坪去迎接他。我喊道："你好！"

"你是一位绅士和学者！"他抬头看到我后大声喊道，对我让他少走一些路的做法表示感谢。他擦去额头的汗水，再次对我表达了谢意。"我今天凌晨 2 点就开始工作了。"他说道。当时刚过下午 4 点，他还有许多快递需要去送。"至少我可以获得工资。"

"我希望是高工资。"我说。我还告诉他，像他一样的快递员很辛苦，应该获得好的收入。当他往回走的时候，他说了一句没有丝毫怨恨、仅仅是表达愿望的话。那句话唤起了80年前罗蒂发现的美国民众的精神。那位快递员是这样说的："我希望过上和你一样的生活。"

首先，请允许我向"经济困难情况报告项目"（Economic Hardship Reporting Project）对本书的出版提供的经济资助和其他帮助表示由衷的感谢。我还要向该项目的执行董事阿丽沙·夸特（Alissa Quart）和总经理大卫·沃利斯（David Wallis）表示感谢；感谢《国家》杂志高级编辑莉齐·拉特纳（Lizzy Ratner）在本书编辑过程中付出的辛劳；感谢朱利安·鲁宾斯坦（Julian Rubinstein）在丹佛对我提供的帮助；我还要感谢在我的这次旅行过程中对我提供帮助的其他组织和个人，其中包括：萨克拉门托非营利组织"饼和鱼"及其宣传部长乔·史密斯；非营利组织"希望淋浴"联合创始人梅尔·蒂拉克拉特纳；加利福尼亚大学洛杉矶分校法学院退休教授加里·布拉西；非营利组织"爱的挣扎"及其联合创始人乔尔·霍奇；民权积极分子特伦斯·罗伯茨；工人权益组织"史密斯菲尔德职工子女"及其成员杜尔塞·卡斯塔涅达；艾奥瓦州丹尼森镇前镇长内森·马尔特；"洛杉矶安全停车项目"（Safe Parking LA）及其副主任艾米丽·坎特里姆（Emily Kantrim）。感谢罗恩·布鲁恩（Ron Bruder）的盛情款待；感谢所有没有提到名字的、以各种形式帮助我的朋友。我还要特别感谢以下这些朋友：乔治敦大学劳动和贫困工人卡尔马诺维茨倡议（Kalmanovitz Initiative for Labor and Working Poor）的研究人员约翰·拉索和谢丽·林肯；内布拉斯加州健康和公共事业部的朱莉·诺顿（Julie Naughton）；作家们最喜欢的编辑之一、Unnamed Press 出版社发行人和联合创始人 C.P. 海瑟（C.P.Heiser）；以及我的不知疲倦的代理人、詹妮弗·莱昂斯文学代理公司（Jennifer Lyons Literary Agency, LLC）经理詹妮弗·莱昂斯（Jennifer Lyons）。